この瞬間より
大事なものなんてない

# 今ここが人生の目的地なんだ

Bashar × 山崎拓巳

VOICE

# はじめに

**「バシャールに会いませんか？」**

ヴォイスの社長さんに声を掛けられた時、僕はうれしさで舞い上がりました！

そう、このお誘いを僕はずっと長い間、待ち続けていたからです。

ところで、あなたは、バシャールって知っていますか？

というか、この本を手にしているあなたなら、もう当然ご存じですよね。

でも、まだバシャールのことを知らないあなたなら、

**「何それ、宇宙人？」「え!? チャネリング？」**

などと、ちょっと疑念を抱く人もいるかもしれません。

でも、僕から言わせれば、

**「そんなもん、なんでもいいんです！」**ということ。

竹の子でも、きのこでも、宇宙人でもなんでもいいんです！

バシャールが教えてくれる情報が、ただただ〝ヤバい〟んですよ。

だから、あなたにもそれをシェアしたいだけなんです。

さて、バシャールと言えば、**「ワクワク」**という言葉を浸透させた人（いや、宇宙存在かな）ですね。

今や、ワクワクはハッピーに生きるための〝鉄板の合言葉〟みたいなものなので、ワクワクすることを選択して、夢や目標を叶えてきた人もすでにいるはずです。

でも、**「ワクワクすることを選択する」**の裏側には、**「ワクワ**

**クしないことを選択する洗脳」**があるのかもしれないな、って思うのです。

なぜなら、バシャールが**「ワクワク、ワクワク」**と30年以上も言い続けているわりには、**「ワクワク」**を選択している人は意外にも少ないような気がするからです。

だから今、もし、あなたがワクワクできていないのなら朗報です。

そんなあなたを解放してくれるマスター・キーが、この本の中には潜んでいます！

それは、あなたがこの本を読みながら自分で見つけてくださいね。

きっと見つかるはずだから。

それにしても、誰もが子どもの頃は、

**「ワクワクしかしていなかった子ども」**だったのに、

いつのまにか、

「ワクワクすることが、わからない大人」

になってしまっているのです。

ああ、僕たちはいつ、どこでそうなってしまうのか……。

とにかく、もう一度、ワクワクを取り戻しませんか？

ところで、僕はこれからの未来を拓《ひら》くキーワードは、

①「好き！」②「楽しい！」③「ラク！」の*3つだと思っています。

ココロから〝好き〟

脳が〝楽しい〟

カラダが〝ラク〟

そんな「猪鹿蝶《いのしかちょう》（花札の出来役の1つ。猪・鹿・蝶の3枚が揃うと縁起が良

＊『幸せの予約、承ります。―これまでの生き方、これからの生き方』（小笠原慎吾著　サンマーク出版）より

いとされる）」が揃った瞬間に、ステキな未来への扉は開くのです。

この本を読めば、あなたの中で「猪鹿蝶」が揃うかもしれません。

そのとき、あなたは、やっと本当のあなたに戻れるのです。

しばらくの間、ワクワクすることを忘れていたあなたも、

**「あ！　そういえば、あの頃の私って、そうだったよね！」**

などと本当の自分を思い出したりするのです。

それに、「ワクワクが見つからない」人だって、ガッカリしないでくださいね。

バシャールは常々こう言います。

**「小さなワクワクを見逃さずに、行動に移してみてください」**と。

「アイスクリームが食べたい！」

「お花、買っちゃおうかな」

「今日、アイツに連絡してみよ〜」


そんな小さなワクワクを1つ1つ丁寧に拾い集めていると、いつしか**「ボスキャラのワクワク」**に辿り着くのです。

ボスキャラのワクワク、見たくないですか？


**とにもかくにも、人生はたったの1度きり！**

もし、あなたに何も制限がなくなるとしたら、どんな人生がいいですか？

そんなことを、ちょっと立ち止まって考えてみるのもいいかもしれません。


**すごいことは、いつもアッサリと起きるものです。**

テンプレートどおりに、**「上手に生きてきた過去」**があったとしても、どうか、その過去に縛られないで。
あなたには、違う未来が待っているかもしれない。

**本当のあなたの人生を歩くことは、エキサイティングなことなのです！**

**あなたには、そんな人生を送る権利があります。**

そして、そんな生き方ができる能力があることに、気づいてしまう情報をこれからお届けしたいと思います。

今、時代が大激変する時だからこそ、あなたの自我の解放宣言を、ひとつヨロシクお願いします！

山崎拓巳

# CONTENTS

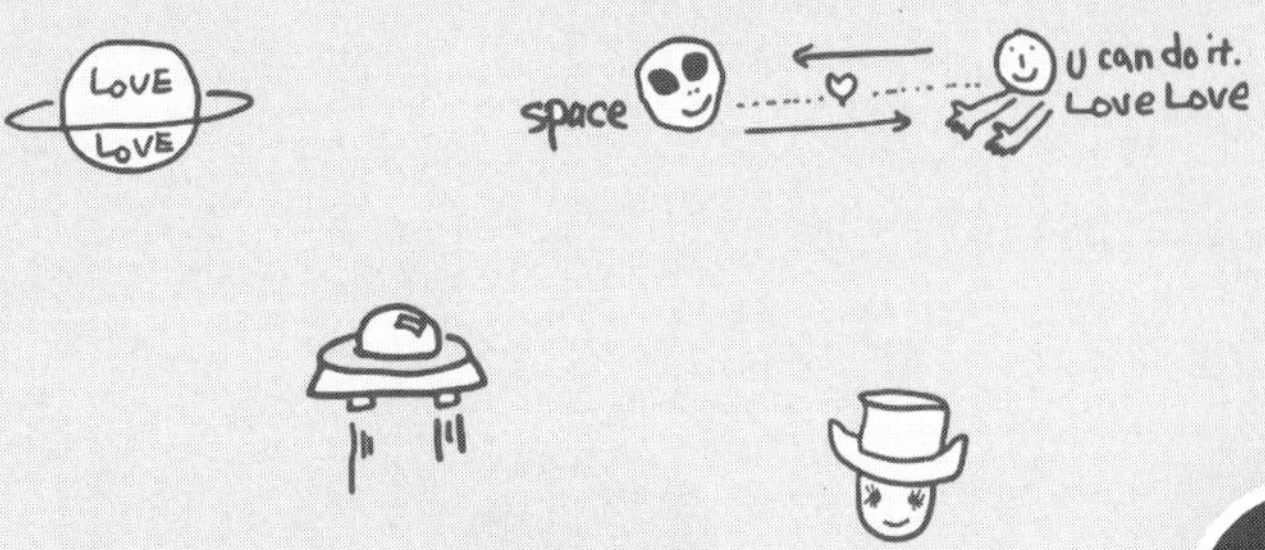


## 第2章 ネガティブな観念をやっつけろ！



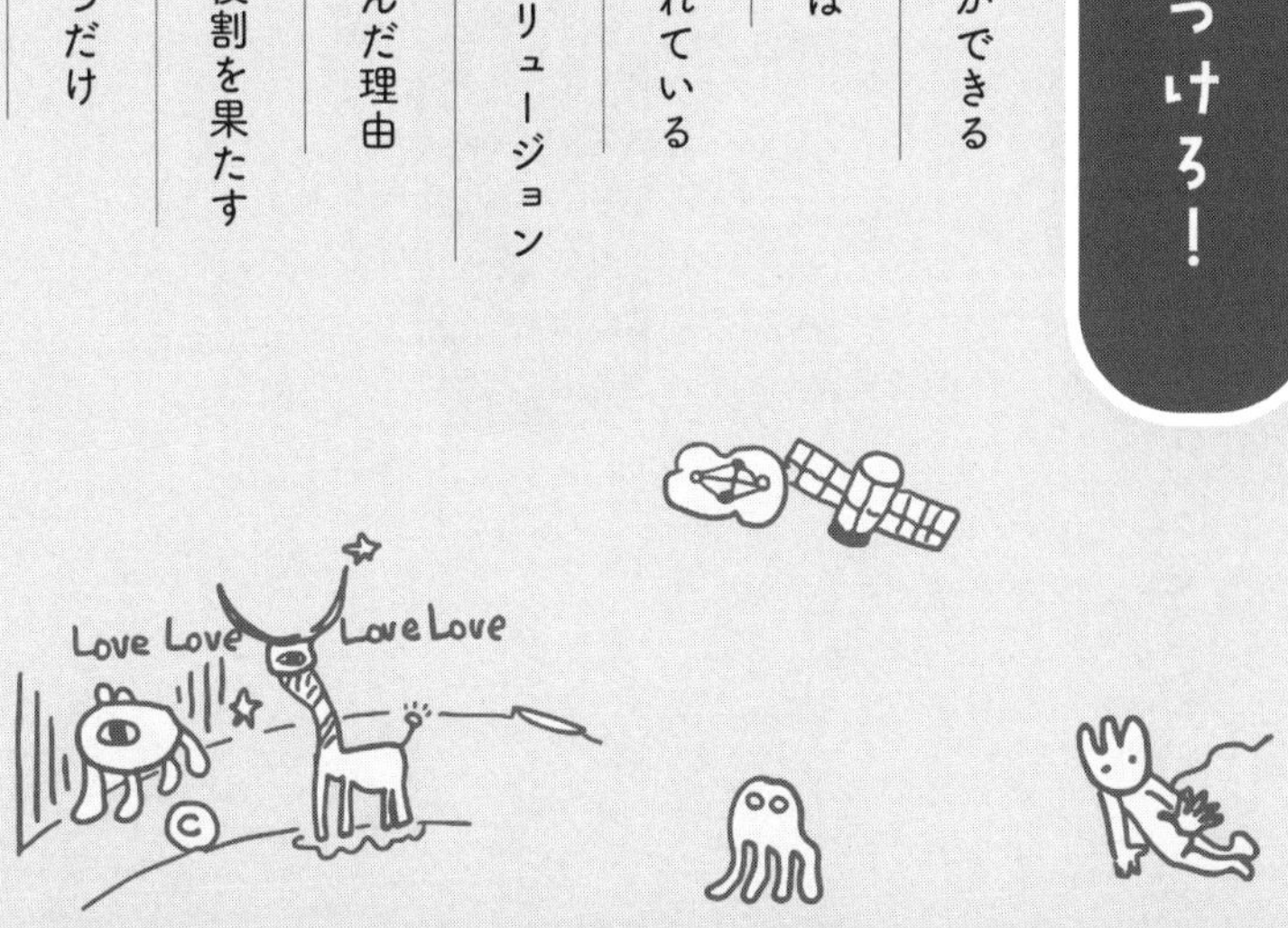

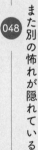

# 第3章 スピリットとして生きるということ

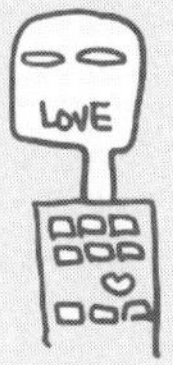


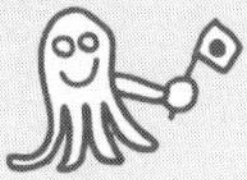

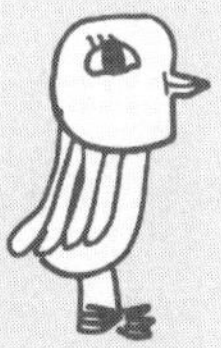

# 第4章 すべては「方程式」ありき

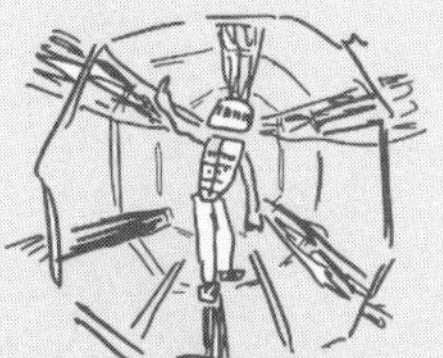

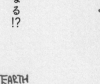

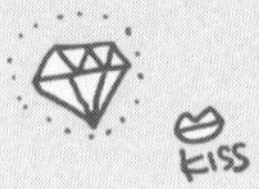


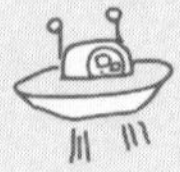

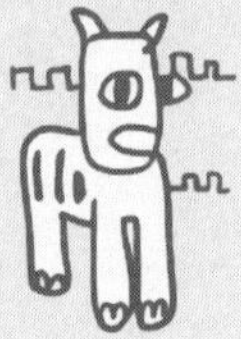

# 第5章 地球を脅かす問題に人類はどう立ち向かうべきか



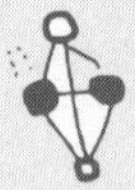

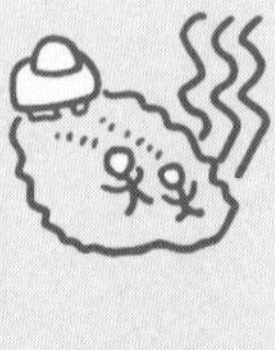

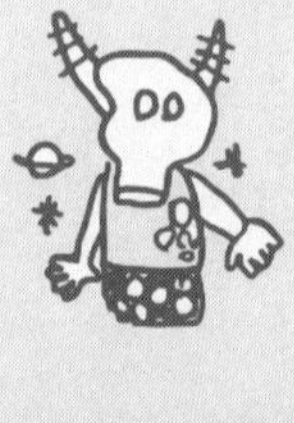

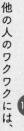

# 第6章 夢を叶える旅路こそが目的地

# 第7章 自分の乗る列車は賢く選ぶ

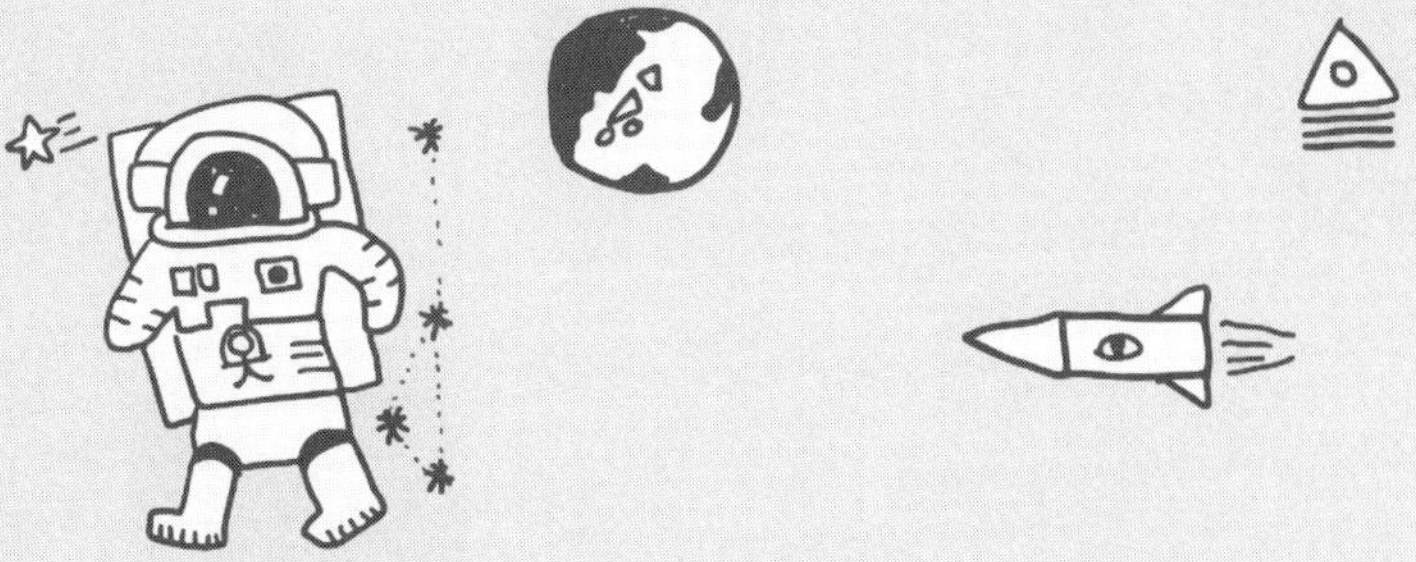



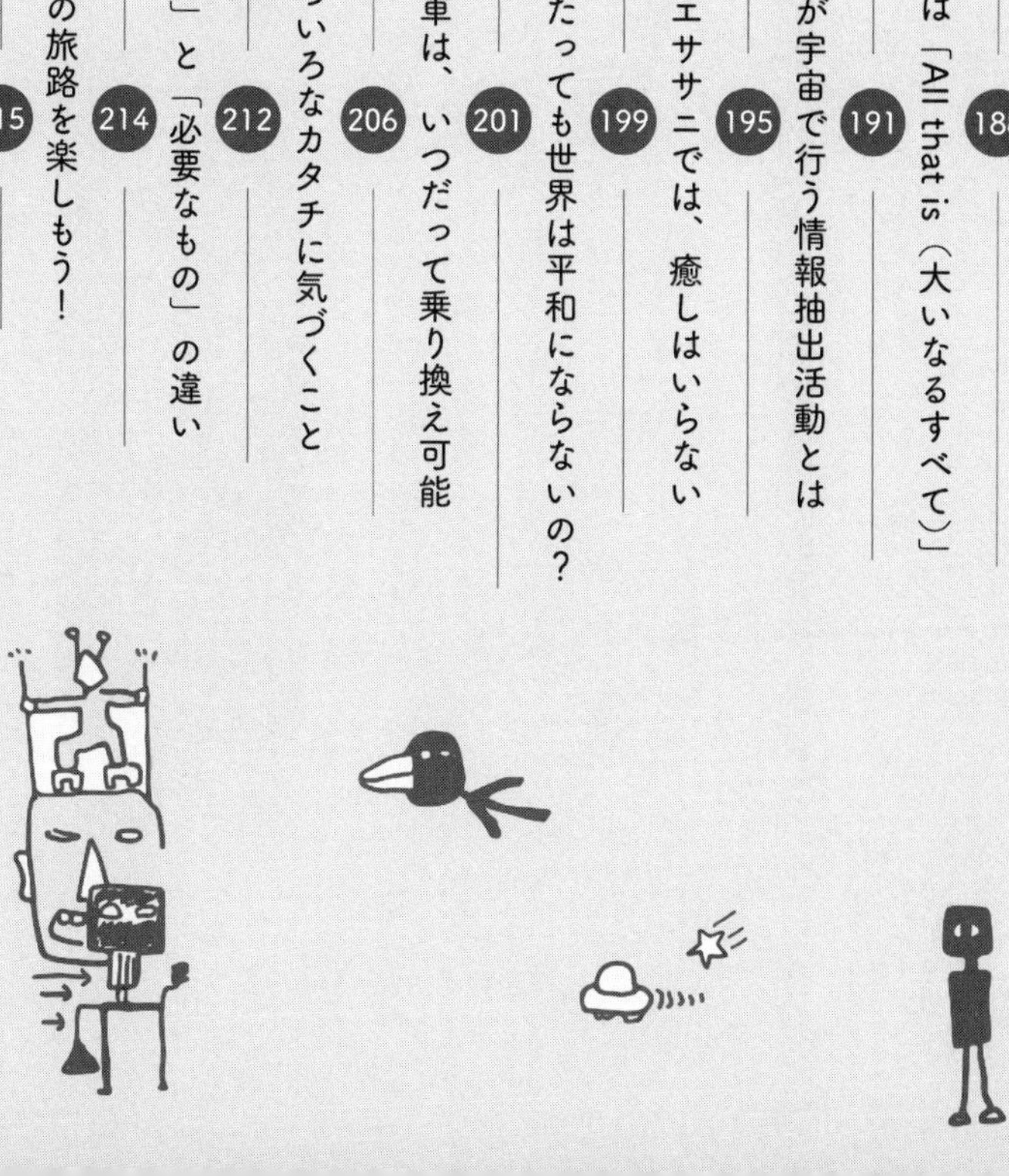

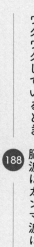

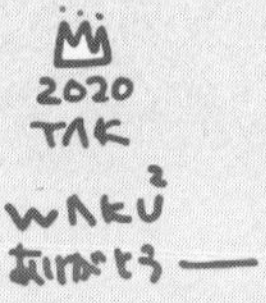


# After Session Talk

## ダリル・アンカ vs 山﨑拓巳

### 自分が幸せになると、幸せがやってくる

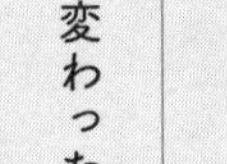

# 第1章
# 今、過去からの学びを未来に活かす時

# 2020年は過去の学びを活かしビジョンを創造する年

**バシャール**

皆さんの時間で今日のこの時、皆さんに「こんにちは！」とご挨拶致します。ご機嫌いかがですか。

**山崎拓巳（以下、拓巳）**

こんにちは！　今回は、バシャールとエキサイティングな時間を一緒に過ごしたいと思います。実は、なんと、僕がバシャールと初めて出会ったのは約30年以上も前なのです！　以降、バシャールは僕の人生に多大なる影響を与えてくれました。まずは、そのことに関して感謝したいと思います。また、僕と同世代前後で今の日本において、第一線で活躍している人たちの多くが、バシャールからたくさんの影響を受けてきたんですよ。僕の仲間にも、そんな人がたくさんいます！　今日はそんな〝バシャール第一世代〟を代表して、バシャールと語り合いたいと思います。

**バシャール**

皆さんとの出会いは、私たちにとっても特別です。そして、私たちの情熱とワクワクする気持ち、また、私たちの情報を皆さんと一緒にシェアできることは喜びです。

**拓巳**

ありがとうございます。それでは早速、質問をはじめていきたいと思います。まずは、冒頭から壮大な質問になるかもしれませんが、この2020年という年に、今の地球人に向けて伝えたいことや、今だからこそ僕たちが知っておくべき重要なメッセージがあれば教えてほしいのですが、いかがでしょうか。

**バシャール**

はい。2020年という年は、皆さんにとって、非常に重要な転機を迎える年になります。つまり、未来に向かって、新しい扉を開けていく年になるのです。**2020という数字には、「完璧な未来につながっていく」という意味がある**のです。つまり、**2020年は「過去に起きたことから学び、そこで学習したことをビジョンとして創造していく年」**になるのです。今年は、たくさんの変化が起きてくるでしょう。でももし、**皆さんが過去から学んだ教訓を未来に活かすことができれば、大きな良い変化を期待できる**でしょう。

## 未来の日本は、フリーエネルギーの開発が鍵になる

**拓巳** わかりました。今は過去からの学びを未来に活かす時期である、という

ことですね。そうすると、この2020年という年に、今度は特に僕たち日本人に向けて、何かメッセージをいただくことはできますか？

バシャール

はい。日本という国に、または日本の人にお願いしたいことがあります。それは、これからの新しいテクノロジー、いわゆる、**無尽蔵のフリーエネルギーを創造するための技術や科学を発展させることに、ぜひ、注力していただきたい**ということです。皆さんが一体になれば、短期間でこのことを実現することができるでしょう。

今後、**皆さんが国単位で行動を起こす、それもスピーディーに行動を起こすことによって、世界のリーダーとなれる分野がある**のです。それこそが、「フクシマ（2011年の東日本大震災のこと）」の体験から学べることです。将来的に、皆さんがよりはっきりとした意図を掲げて、「汚染を取り除くことができるようなフリーエネルギーを開発する」ことに一丸となり、この件に関してサポートできる体制を築くことができれば、今後、この分野において世界のリーダーとなれるでしょう。

**拓巳**

なるほど。これからの日本は、フリーエネルギーの分野に力を入れていくとよいのですね……。

**バシャール**

はい。でも、先ほどもお伝えしたように、過去の教訓からの学びを活かすことが重要です。そこから、新しい未来を構築するのです。そのためにも今、皆さんが国単位でひとつになって意識を変えて、シフトをしていく時期が来ている、ということです。でも、このことに取り組むかどうかは、皆さん次第です。

**拓巳**

ちなみに、そのためのテクノロジーは、日本において、すでに開発されているのでしょうか？

**バシャール**

**その技術は、すでに地球上には存在しています。**地球上の電磁的エネルギーをどのように活用できるのか、ということをリサーチすればわかるでしょう。今後、必要とされるエネルギーを創造していくためには、共鳴の原理を使うのです。それはつまり、**お互いの波動を同調させることで増幅作用が起きれば、必要なエネルギーをクリエイトできる、ということ**です。もちろん、そのための設備などは必要になりますが、**共鳴という原理に対して正しい理解ができれば、電磁的なエネルギーはより増幅できる**のです。でも、私たちがこの内容について、皆さんにお伝えするのを許されているのはこのくらいです。後は、皆さんがこのことを行動に移すかどうか、ということになります。

## これから起き得る地球の未来

拓巳

わかりました。ぜひ、日本が一丸となってこの件を実現していければいいなと思います。となると今、2020年ですよね。これから5年後の2025年、そこから5年後の2030年、そして2035年と世界は5年ごとの幅でどのように変わっていきますか？

バシャール

その答えを予言のような形ではお伝えできません。未来に起きるかもしれないことは、**現在の皆さんのエネルギーからどうなっていくか、ということを感じとるのであり、絶対的なことは言えない**のです。でも、今のエネルギーの勢いから可能性としてそれが現実化するかもしれない、というような言い方ならできます。でも、必ずしもそれが起きるということでもありません。

拓巳

わかりました。では、可能性という形ででも何かあれば、教えていただきたいのですが……。

バシャール

**今後2025年から50年までの期間において、皆さんがAIと呼ぶものの開発は、さらに進んでいくはず**でしょう。また、**フリーエネルギーの開発も進む**でしょう。さらには、**オープンコンタクト、地球外知的生命体との直接的なコンタクトも起きていくはず**です。

拓巳

僕は、AIやロボットが進化すると、人々は仕事を失うのではなく、逆に、これまでのように仕事づくめの日々を送らなくてもよい社会になるのではと思います。ベーシックインカムなどもはじまると、今よりゆとりのある過ごし方ができると思うんですね。だから、そんな時代が来ることで、より自分の情熱を追いかけるような生き方ができるのではないかと思うんです。

バシャール

そうですね。でも、そうなったとき、自分の情熱に従っていない人は、逆に課題に直面するかもしれません。

日本の未来は、

フリーエネルギーの開発が

鍵になる!?

## 新しい未来では、人間の存在自体が経済になる

拓巳

なるほど。そうかもしれませんね。でも、そんな社会になっていくと、今の貨幣制度や資本主義の仕組みも大きく変わっていくはずですよね。お金に対する考え方も変わってくるし……。そのあたりはどのように変化していきますか。

バシャール

はい、**経済の形も変わっていきます**。皆さんの社会は、各々が持つスキルや能力を活かす形で回るようになるので、それ以外のもの、たとえば、貨幣などを拠《よ》りどころにする経済の形ではなくなってきます。フリーエネルギーがあれば、何にでもアクセスできるし、何でもクリエイトできるので、好きな

ことができますし、現在のようなお金はもう必要なくなります。

私たちは、我々の惑星で起きている状態のことを**「シンクロニズム（同時発生性）」**と呼んでいますが、今後は、地球でも同じようにシンクロニズムによる社会の在り方になっていくでしょう。**一人ひとりが違う能力やスキルを持ち、それぞれが専門の情報を持つようになりますが、シンクロニズムによって、その能力やスキル、情報などを必要とする人たちと出会っていく**のです。それを**自分の能力やスキルと交換すればいいだけ**です。新しい未来では、**私たちの存在一人ひとりが経済**なのです。

拓巳

皆がそれぞれ専門性を持ち、存在すること自体がそのまま経済になる……。それは素晴らしいですね。

バシャール

ある意味、このスタイルは、〝バーター〟と似ているかもしれませんが、もっと洗練されたものになっていくでしょう。なぜなら、その頃には、皆さんの社会ではフリーエネルギーが開発されているので、それを使えば、何だって可能な時代になるからです。

## 地球もいずれエササニのように
## 「同時多発性（シンクロニズム）」の
## 社会になる!?

## 「日本は世界の縮図」というより、すべての場所はつながっている

**拓巳**　そして、先ほどのお話にあったように、日本がこのフリーエネルギーについては、その開発に大きく関わっていくんですね。

**バシャール**　もちろん、「高い可能性でそうなり得るでしょう」とは言えますが、必ず「そうなる」と言い切ることはできません。「そういう可能性があるから、その選択をすれば、そちらに行けますよ」というだけのことであり、**その決断は日本の人たちがする**のです。

**拓巳**　なるほど。フリーエネルギーのことも含めて、将来的に日本は、世界に

向けて良い影響を与えていけるような国になっていければと思っています。ところで、よく、「日本は世界の縮図」とか「日本は世界のひな型」といわれたりもするのですが、どう思われますか？　つまり、日本で起きることは、世界でも起きるし、その逆もまたしかり、というような意味ですね。

このような説を唱える人の中には、「今後、日本は世界の中心になっていく」とか、「日本はこれから世界に向けてリーダー的立場になっていく」、というような考えを持つ人もいます。たとえば、日本の地図を傾けると世界の地図の縮図のように見える、という話もあるのですが……。

## 日本は世界の縮図になっている!?

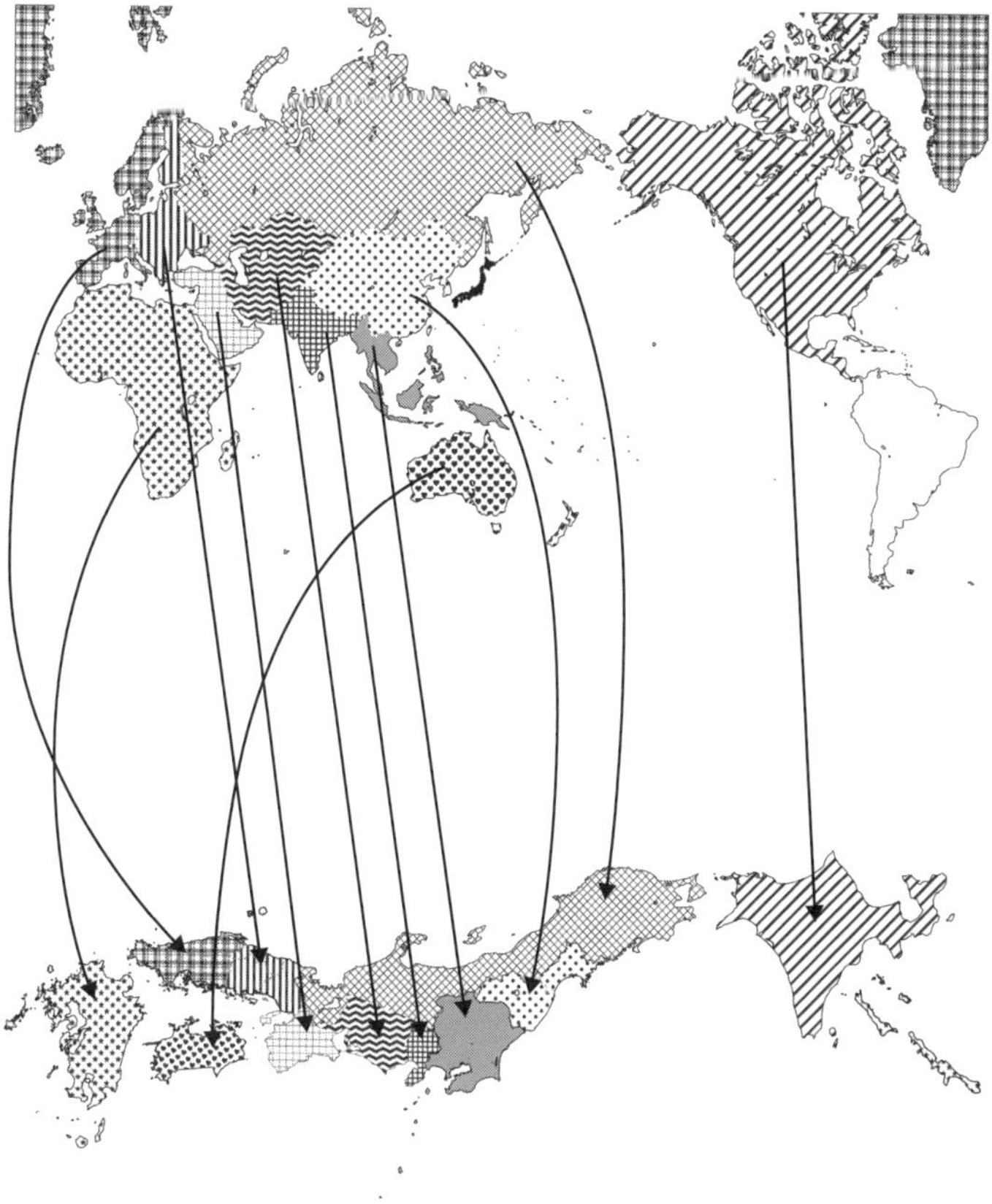

○日本は世界のひな型説

日本と世界の地形が連動しており、「日本で起きることは世界で起き、世界で起きることは日本で起きる」という説は、出口王仁三郎の大本教や『日月神示』などの教えがもとになっている。日本列島を横にしてみると、世界のそれぞれの大陸と対応しているのがわかる。

**バシャール**

ホログラム的な視点で見ると、すべてのものはつながっています。だから、**日本という国の1か所だけが世界の中心になっている、というのではなく、すべての場所がそれぞれお互いにホログラム的につながっている**のです。もちろん、日本が世界に対して貢献できることは必ずありますよ。

**拓巳**

なるほど。当然ですが日本だけが特別、というわけではないんですよね。すべての場所がホログラム状態でお互いに影響し合っているというか、つながっているんですね。よくわかりました。

# 第2章
# ネガティブな観念をやっつけろ！

## 失敗があるから、次はより良い選択ができる

拓巳

先ほどバシャールは、「過去からの学びを活かす」とおっしゃいましたが、では、僕たちが過去を振り返ったときに、過去の経験の何が悪くて、何が良かったのでしょうか。そして、もし、何か悪かったことがあるのなら、それをどのように変えていけばよいのか、などを教えていただけますか?

バシャール

あなたが過去に自分で選択したことで、**上手くいかなかったことがあるのなら、そこから教訓は学べますよね。もしそうなら、次からはもっと良い選択をすればいい**のです。あなたがそのことを意識しようがしまいが、過去に自

分が選択したことには、すべてそのことに意味があったのです。

でも、上手くいかなかったことも活用できるのです。たとえば、過去の結果が自分の望むものではなかった場合、では、自分は何を望んでいたのか、ということがわかりますね。それがクリアになればなるほど、次の選択がより良いものになるはずです。わかりますか？

拓巳

はい、わかります。でも、僕たちは何か新しい選択をするときなどは、どうしても、不安や怖れを感じてしまうのですが、それらを乗り越えるには、どうしたらいいですか？

バシャール

**すべての感情は、自分の奥深くで信じるものによってつくられています。**ですから、まずは、自分の奥深くに、怖れを導くような観念や信念が潜んでいる事実を理解するのです。すべては、あなたが真実だと信じるものからはじまっているのです。もし、あなたにネガティブな観念がなければ、怖れを感じることもないのです。だからもし、**あなたが怖れを感じてしまうのなら、その怖れを生み出している観念は何なのか、を模索するいいチャンス**だと思ってください。

自分の奥深くに
どんな「観念」があるのか
探っていこう！

すべてのものは心の奥で
信じられているものでできている。
Belief
Blue print
何を信じているのか?!

# 観念の正体を絞り込む方法とは

拓巳

はい。でも、怖れを導くような観念は、心の奥深くに潜んでいるわけですよね。となると、それをどうやって模索していけばいいのでしょうか？

バシャール

そんなときは、次のような質問を自分に問いかけるのです。**「この状況において、自分が怖れを感じるのはなぜ？　何を信じているから、自分は怖れを感じるのだろう？」**という問いです。また、別の問いかけ方もできます。それは、**「もし、ワクワクに従って行動を起こした場合、その時に何が起きることを怖れているのだろう？」**という質問です。

大抵の場合は、自分の中で真実ではない何かを定義づけしていたりします。もしくは、「自分は、価値のない人間である」とか、「自分は、このことには値しない」というような観念を持っていたりします。ですから、怖れを感じた場合は、自分の内側を覗《のぞ》いてみるのです。そして、それに気づけば、それらを手放せばいいのです。

「何を信じているから、こう感じるの？」

そんな問いかけをしてみよう！

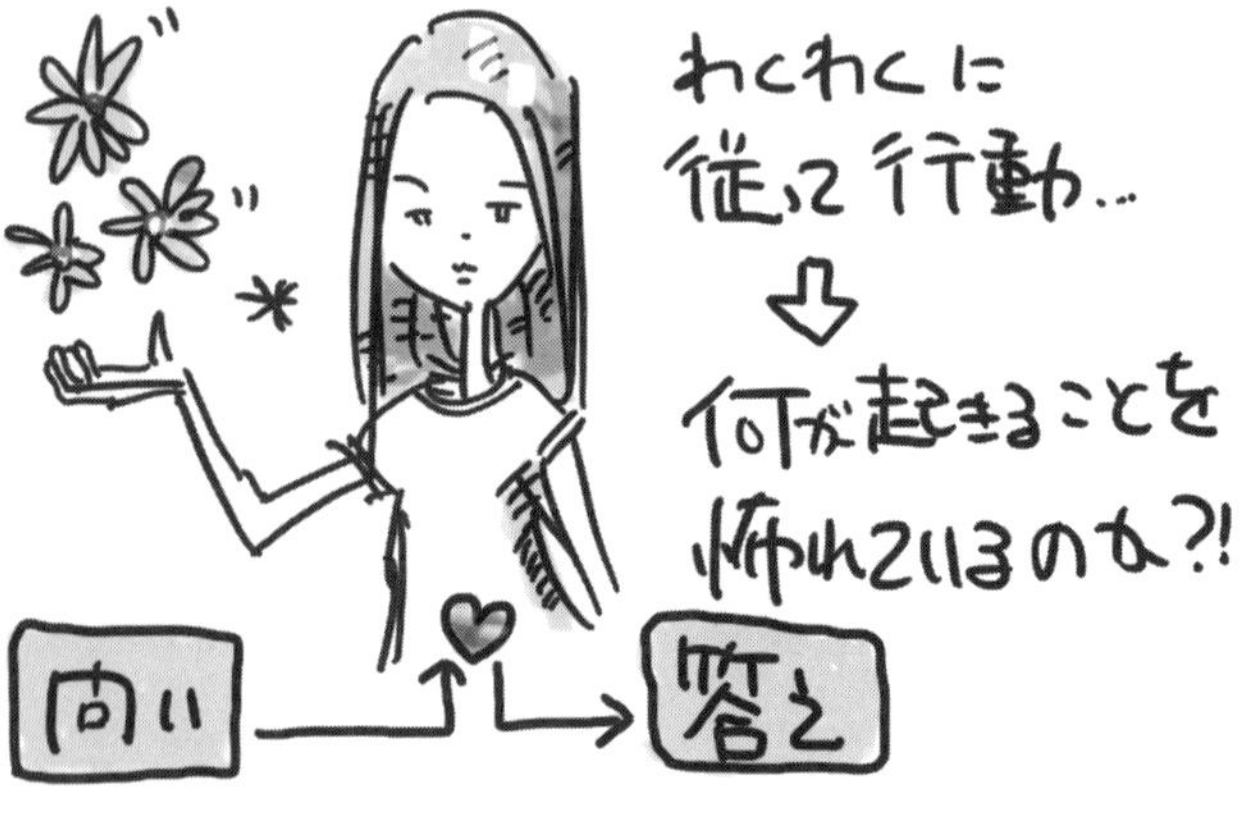
わくわくに
従って行動…
何が起きることを
怖れているのか?!
問い
答え

拓巳

なるほどですね。でも、自分の奥深いところにあるものを、そんなに簡単に手放せるでしょうか? それができれば、皆、苦労しないと思うのですが……。

バシャール

**自分が持つネガティブな観念が根拠のないものであることを一度意識できれば、それは去っていきます。**つまり、あなたがあるネガティブな観念を信じていく、それにしがみついているのがわかれば、「なーんだ! これは、まったく根拠のないものじゃないか!」と気づけるのです。それができれば、もうそれは必要なくなる、ということです。

拓巳

確かに、怖れがなくなると、何だってできるような気がしてきますよね。

バシャール

イエス!! 多くの人は、「ワクワクだけを追いかけていると、何か良くないことが起きるのではないだろうか」と不安に思ってしまいます。そんなときこそ、**「ワクワクしている状態のときには、悪いことが起きることはありえない」ことを理解する**のです。

でも、あなたが情熱に従って行動をしたとしても、何かネガティブなことが起きるかもしれません。その場合は、あなたが情熱に従ったからネガティブなことが起きたのではなく、あなたが情熱から離れてしまったことが原因で、それが起きたのです。でも、そんな経験だってプラスに活用すればいいのです。

というのも、「情熱に従う」というツールを使う際に、「自分の情熱にそぐわないものは何か」ということが自ずと開示されます。**自分にとって、ワクワクしないものが何であるかを発見できるということは、ワクワクすること**ですよね。なぜって、**それを手放せば、さらにワクワクする方向により近づけるから**です。

拓巳

確かに。ワクワクしないものを1つずつ外していくと、本当のワクワクだけが残っていきますね。

バシャール

はい。でも、情熱に従って行動しようとするときに、再び、また恐怖に囚われてしまい、「自分は間違った方向に行っているのではないか……」という認識をしてしまうと、怖れを手放せないままになってしまいます。

拓巳

そうならないためにも、やはり、恐怖のもとになる観念の正体を見つける必要があるんですね。

バシャール

はい。**恐怖の背後にはどんな観念があるのか**、ということです。

## 怖れの背後には、また別の怖れが隠れている

拓巳

そうすると、先ほどバシャールが言ったように、自問自答することで、自分の中からその答えが出てくるという認識でいいですか？

バシャール

はい。もし、あなたが**その答えを聞く姿勢があれば、答えは出るはず**です。でも、**その答えを聞くことをまた怖れてしまうと、その怖れの背後に、何か別の信念や思い込みがある**ということになります。

拓巳

なんと！　怖れの後ろに、また別の怖れが隠れているんですね。

バシャール

そうなのです。でも、こんなふうに自分自身を深く、さらに深く、さらに深く、と掘り下げていくと、自分が本当に何を怖れていたかが明確になるはずです。でも、その答えは、どんな形であなたにやってくるかはわかりません。たとえば、夜に寝ているときに象徴的な夢を見たり、何かシンクロニシティ的な出来事が起きて、そこである答えにハッと気づかされたりするかもしれません。とにかく、「知りたい！」という思いさえあれば、答えは必ずやってくるはずです。

拓巳

いろいろな形で、自分の恐怖のもとを突き止めることができるんですね。

バシャール

そうです。でも、ネガティブな観念を持ち続けていると、前進する足かせになるだけでなく、本当の答えを見ることも妨げてしまいます。けれども、もしあなたの怖れが、ただの思い込みであったことがわかれば、それは簡単に変えられるのです。ただし、残念ながら、**そのようなネガティブな思い込み**

**は、巧妙に怖れを使って〝ただの思い込み〟だと思わせないように働きかけてくる**のです。

たとえば、「ワクワクに従えば、何か悪いことが起きるかもしれない……」という怖れは、単に自分が感じているだけなのですが、あたかもそれを「真実だ」と思い込ませようとします。そして、それが物質的な現実で実際に起きるとあなたに思い込ませるのです。

拓巳

いや〜、コワイですね！　そんな手口に負けないようにしないと。でも、それは真実ではないのですよね。

自分を深く、深く、深く、
掘り下げていこう！
隠れている怖れの正体を
突き止めろ！

怖れの
うしろに
怖れが
かくれている。
怖れの背後の怖れを知る!!

# 怖れもイリュージョンなら、この世界もイリュージョン

バシャール

もちろんです！　皆さんは、この物質的な世界でさまざまなことを体験します。その体験の中で、感情や思考、行動などのすべてが、あたかもあなたにこの現実が本物であるかのように思い込ませています。でも、覚えておいていただきたいのは、**この物質的な体験や現実さえも本物ではないということ**です。ですから、まずはこの思い込みから手放していかなければなりません。

拓巳

うーん……。つまり、すべての前に、この物質的な体験さえも本物ではない、ということなのですね。それには、いまいちまだ実感が湧いてこ

ないのですが……。

バシャール

はい。でも、**あなたが自ら物質的な体験をすることを選んでいる**のです。そして、この世界で体験することがポジティブなものであろうとなかろうと、逆に観念があることで、あなたはこの物質的な現実を実感できているのです。それらがあなたに、「これは、本物なんだよ！」とより迫真をもって迫ってくるのです。でも、どうせなら、その体験を喜びとして味わいたくはないですか？

拓巳

そうですよね。せっかく同じ体験をするのなら、喜びの方が断然いいです！

バシャール

そうなのです。だから、「ネガティブな思い込みを手放すのが難しい」と感じたら、その「ネガティブな思い込みを手放すのが難しい」と感じていることもまた思い込みである、ということに気づくのです。あなたは、常に変化している存在です。でも、「自分は変わることができない。ちっとも変われないんだ！」と思い込んでいると、そのような体験を創造してしまいます。わかりますか？

## 僕たちがわざわざ物理的な世界を選んだ理由

拓巳

はい。まさに自分の思考がすべてを創造するということですね。でも、思い込みの裏には、また別の思い込みが巧妙に隠れている、と。だから、それを外していかなくてはいけないのですね。そうすると、この物質的な世界はイリュージョンだということですが、そもそも僕たちが選択をしたとはいえ、どうして僕たちは、この物質的な世界に生命を持つ

バシャール

ことを選んだのでしょうか？

スピリットだけの状態では、すべての物事が非常にスピーディーに変化しています。でも、**スピリットの状態だと、この物質的な現実において、肉体を持った人間のように段階を経ながら体験することは不可能**なのです。また、**物質的な現実の中で生きることで、自分がどれほどパワフルな存在であるか、ということも実感できる**のです。だって、ネガティブな体験から真逆のポジティブな体験に変容させられるのですよ。つまり、それほどの大きなパワーがあることにも気づけるのですから。

拓巳

僕たちは、ネガティブからポジティブへと変換できる喜びを味わいに来たんですね！

バシャール

はい。でも、やっかいなことに、物質的な現実は皆さんが「自分が何者であるか」ということを忘れさせようとしています。ですから、自分が何者であるかということを思い出すために、新たな発見をしていく必要があります。たとえば、ある物事を新しい視点で見るときには、さまざまな新しい側面を学びながら、新たな見方を習得しますね。このような方法を物理的な現実で行うのです。そうやって、本当の自分を思い出していくのです。

拓巳

本当の自分を思い出すために、あえて僕たちは肉体を持ったということですね。

バシャール

そうです。あと、**この物質的な現実を選んだ理由としては、単純にこの物質的な現実が楽しいから**ですよ。スピリットとしての存在が、「遊園地やテーマパークのような場所に行って、しばらく遊ぼうよ！」と、こちらの世界に来ているのです。

# 観念が「ブループリント（青写真）」の役割を果たす

拓巳

皆がテーマパークで遊ぶように、楽しみながら生きていければいいんですけれどね〜。そうすると、この物質的な世界での〝学び〟のためには、思考が大切ですか？　それとも、フィーリング、感覚の方が大切ですか？

バシャール

それらの**すべての前に、先ほどからお伝えしている観念があるの**です。**観念が「ブループリント（青写真）」の役割を果たしています**。観念が最初に存在しなければ、自分が何かを感じるという感覚や思考、行動は生まれてきません。すべての体験の前に、観念が存在しているのです。

拓巳

なるほど。ではここで改めて、観念についてその意味を詳しく教えてもらってもいいですか？

バシャール

**観念とは、〝定義づけ〟のことです。あなたが「これが真実だ」と思い込んでいるもの**です。では、ここで、「観念は存在する」ということを証明してみましょうか。たとえば、私があなたに対して、あなたが知らない言葉を使ったとします。そして、その言葉について、「どう感じますか？」と訊《き》いたとしましょう。でも、あなたは「その言葉の意味がわからないから、何も感じられません」と言うはずです。また、「この言葉を聞いて、どんな行動を取りたいですか？」と訊いても「どんな行動を取りたいとも思いません。だって、その言葉の意味を知らないからです」となるはずです。

拓巳

はい、そのとおりですね。そう答えるしかないですね。

バシャール

あなたは、その言葉が耳で聞こえても、その言葉の意味が一切わからないとそうなりますね。けれども、「この言葉は、こういう意味なんだよ」と、あなたに伝えたとします。そうすると、この時点で言葉の定義づけができるので、あなたはこの言葉に対して、ネガティブな感覚を持ったり、ポジティブな感覚を持ったりしはじめます。**この時点で初めて、自分はどんな感覚を持ち、どう思い、どう反応し、どうふるまおう、ということが決定されるの**です。こういった体験も、まずは、定義づけが存在しないと発生しません。

ということは、これを逆に活用することもできるのです。たとえば、何かに対して自分が反応することは、「そのもとになる定義が何か」ということと紐《ひも》づけできるのです。だから、これを活用しながら、「自分が本当は何を信じていたのか」、ということを発見できるのです。つまり、**自分が今、感じている感覚・思い・行い・体験を見ていくと、何を信じていたのかがわかる**のです。ですから、これをブループリントと捉えるのです。

## 設計図が悪ければ、欠陥住宅が建つだけ

拓巳　一般的に言うブループリントは、建築をするときの設計図みたいなものですよね。

バシャール　はい。建物を造る際には、ブループリントが基礎になります。だから、最初のブループリントのどこかに欠陥があると、それをもとに何かの建物を建築したとしても、欠陥がある構造物しかできません。

拓巳　いわゆる、欠陥住宅が建つわけですよね。

バシャール

そうです。そして、そこに伴う感情も存在します。感情は英語では「エモーション（emotion）」ですが、**「e-motion」**、**つまり、「e」を「エネルギー」だとすると、「motion」が「動き」なので、「エネルギーの動き」**ということになります。

まず、**「感情」にあたるのが、「建築をする人」、大工さん**です。次に**「思考」は、「建築材料」になり、「行動」は、どんな形に建築するかという「建築方法」**です。そして**「体験」は、できあがった建築物の中でどのように住むのか、という「ライフスタイル」**になります。ということは、もし、あなたの自宅が傾いて居心地が悪いのなら、建築する時に使用した青写真＝設計図のどこかに欠陥があったことになります。だから、やるべきことは、家を造るなら正しい青写真を最初に準備しなければなりません。最初にきちんとした青写真があれば、大工さんは正確に建築できるし、青写真で指定される建築材料も正しく使えます。そんな家が完成すれば、より居心地のよい家に住んで、良い体験もできるのです。

拓巳
要するに、すべては、ブループリントからはじまっているのですね。

バシャール
はい。つまり、あなたの観念、思い込みが基礎になっている、ということです。わかりますか？

拓巳
はい。いい思い込みを自分の中に定義づけていくと、上手く生きていける、ということですね。

バシャール
そうです。**「より上手に生きていく」ということは、「よりよい観念を選んでいく」ということに他なりません。**だからこそ、「自分は何を真実と信じているのか」ということを知ることがこれほど重要なのです。傾いている家の居心地が悪いなら、建築した時の青写真を発見して、それを修正すればいいだけです。**観念を変えたら、すべてが変わります。**

# 自信がない人は、自信を持っている

拓巳

たとえば、「自分には価値がない」という観念を持っている自分に気づいたとしたら、「価値がある」と自分ですぐに意識をポン！ と変換すればそれでいいのでしょうか？

バシャール

もし、それが自分でできるのならいいでしょう。でも、そのようなネガティブな観念の中にあるパラドックス、つまり、逆説的なものに気づくことによって、解消できる方法もあります。たとえば、「私は自分に自信がない」と言う人も多いですね。でも、それは逆から見れば、**「自信がないという自信を持っている」ということ**です。ここでは、**「自信がない自分」を信じ込**

**ませるために自信を使っている**のです。だから、この人はきちんと「自信」は持っているのです。

**拓巳**

なんだか、聞いているだけでクラクラしてきましたが、確かにそうですね。だって僕たちは、自信満々に、「私は自信がない！」と言い切ったりするわけですもんね。

**バシャール**

はい。同じように、「信頼する」ということに関しても、「私は信頼できないことを信頼している」から、「私は信頼できない」と言えるのです。でも、ここで**重要なポイントは、自信が持てない人や、信頼できない人などいない、ということ**です。ただ、**自分の自信や信頼をどこに置いているのか、という違いがあるだけ**です。だからもし、「自分には望まない現実がある」ことが「信じられる」のなら、その「信じられる」という部分を使って、今度は、「自分が望む現実がある」という方に変えていけばいいだけです。

自信があるからこそ、
「自信がない！」って言えるという
矛盾に気づこう！

…ということに自信があります。
自信がない
「自信がない！」と
自信まんまんに言う君…

拓巳

そうやって意識の転換をしても、本当に自分が変われたかどうか、ちょっと不安かもしれない……。

バシャール

**自分をだますことなどできません。結果は、あなたの感覚や思考、行いとして現れる**のです。だから、時々自分に問いかけてみてください。たとえば、「自分は本当に変われたのか？」ということを確認したい場合、あなたが、「イエス。私は変わりました」と言ったとしても、まだネガティブな反応をしているのなら、やはり、あなたは変われていないのです。でも、より望む自分に変われているのなら、これまでと同じ出来事が起きたとしても、新しい見方で物事を見られるようになっているはずです。そうすると、新しい情報があなたのもとにやってきます。

拓巳

新しい自分になれたら、新しい情報がやってくるんですね。それは自分が変われたことを知る1つの決め手になりますね。

バシャール
はい。一方で、いつまでも古い見方で物事を見続けていると、新たな方向性は見出せません。だから、**新しい情報を受け取るためには、新しい存在に変わらなければならない**のです。これは**物理の考え方と同じ**です。また、これは、私たちがお伝えしている法則の1つです。**「与えたものが返ってくる」「自分が出したものが自分に戻ってくる」ということ**です。現実は鏡のようなものです。鏡に反映するものを変えるには、それに気づいて、まず自分が変わることです。そうでないと鏡に反映する姿は変わりません。

拓巳
――自分の着る洋服が変われば、鏡の中の自分の姿も変わりますもんね。――

バシャール
そういうことです。

## 15秒間のクールダウンで状況を変える

拓巳

なるほど。そうすると、観念を探り当てるためには、たとえば、腹が立つことがあったら、腹が立つ相手や出来事ではなく、なぜそのことに自分が腹立たしく感じるか、という原因を探り当てていく、ということですよね。

バシャール

そうです。相手や出来事に対して怒る理由はありません。**あなたを怒らせているのは、あなた自身だから**です。だから、誰かがあなたを怒らせたとしたら、その人は「これがあるから、あなたは怒っているんだよ」とそれを指さしてくれているのです。

拓巳
もしその人が観念を教えてくれるなら、逆に感謝すべきかもしれませんね。

バシャール
ええ。たとえば、あなたが道を歩いているときに、まったくの見ず知らずの人があなたのところにやってきて「私、あなたの靴が大嫌いです！」と言ったとしたら、あなたは、それに対して怒りますか。

拓巳
たぶん、一瞬あっけにとられるとは思いますが、驚いたとしても、怒りませんね。

バシャール
初めて会った赤の他人は、あなたのことを何も知りません。ですから、そんな人から何を言われたとしても、個人的な問題として受け取る必要はないので、それほど怒りを感じないはずです。同じように、あなたの知っている誰かがあなたにネガティブな行動をとったとしても、そこで怒る必要はないのです。なぜなら、**その問題はあなたの問題ではない**からです。

拓巳

そうですね。自分の問題じゃないなら、本当は反応する必要はないんですよね。

バシャール

そのとおりです。その人の靴の好みなどは、あなたとは関わりがないのです。もし、**相手から何かネガティブなことを言われて、自分がそれに反応してしまうときは、あなたがその人に同調しているとき**です。自分もそのことに関して思いあたることがあるので、それに対して憎しみや怒りなどの感情が出てくるのです。

そして、その人を裁いたり、傷つけたり、報復したい、などという思いが湧き上がってきます。でももし、相手に何かを言われたとしたら、**15秒くらいの時間があれば、自分がそれに対してどうするかを決めることもできる**のです。自分は激怒するのか、もしくは、何も感じないのか、ということを選択できるのです。

**拓巳**　つまり、その15秒間でクールダウンする、ということですね。

**バシャール**　はい。**あなたには、常に機会が与えられています。**もし誰かの言動や行動によって、あなたが本来の自分になれるのであれば、それに対して「ありがとう」と言えばいいのです。言われたことが自分の問題を反映していると気づけたのなら、その人はあなたの問題を指摘してくれたわけなのですから。さらには、自分とはまったく関係のないことを指摘されたとしても、それに対してても感謝ができますよね。そのことが自分とは一切関係ないということを、その人から教えてもらえたのですから。

**拓巳**　要は、どんな気づきをくれる人にも、「ありがとう」ですね。

**バシャール**　そうなのです。人生には、いろいろな人が登場します。自分が望んでもいないことをもたらす人がいます。でも、そんな人だって、**あなたに「自分は何を望むのか、何を望まないのか」ということを教えるために登場しているの**です。何かネガティブな事件が起きたとしても、それによって自分の波動を下げるのではなく、ポジティブな形で転用できるのです。**どんな人の意見も同意することなく、相手を尊重することはできます。**お役に立ちましたか。

拓巳

うーん。「同意することなく、相手を尊重する」という言葉は深いですね。どんなことを言われても、感謝できるようになるには時間がかかるかもしれません。でも、人間関係に悩む人がいたら、バシャールの教えてくれる「15秒間のレッスン」で、ポジティブに転換する方法を試してみてほしいですね。もちろん、僕もやってみます！

# 第3章
# スピリットとして生きるということ

## 良い観念は来世まで持っていけるの？

拓巳

そうすると、自分の思い込みの定義をより良いものにしていくということは、人生を賭けての学びになるわけですよね。となるとそれらは、死んだ後に次の人生、つまり来世でも使えますか？　良い思い込みならずっと使えればいいと思うのですが……。

バシャール

その答えの前に、まずは、あなたの輪廻転生に対する理解を少し修正しなければなりません。**輪廻転生は、あなたが考えている形では存在していません**。もちろん、「輪廻転生している」という体験はクリエイトすることはできます。けれども、実際に本当に起きていることと、その体験が正確なものとは限りません。では、ここで質問ですが、あなたは時間というものが幻想、または自分の錯覚だということは理解していますか？

拓巳　いいえ、よくわかっていません。

バシャール　**すべての存在は、すべて同時に存在しているので、過去があり未来があるということ自体が錯覚**なのです。あなたは、今ここに存在していますね。

拓巳　はい。

バシャール　ということは、あなたがすでに過去に死んだと思っている人たちも、実は今ここに存在しているのです。でも、あなたの物質的な次元での時空間のポイントから見ると、当然ですが亡くなった人は、もう存在していないと感じられるでしょう。でも、それは正解ではありません。すべては同時に存在しているのです。**あなたにとって過去だと感じられることも、並行現実の中で**

**今、同時に存在している**のです。

拓巳

この次元に生きていると、そのへんはちょっとピンとこないのですが……。

## すべての存在は、今ここに存在している

バシャール

では、別の言い方で説明してみましょう。今、あなたがテレビである番組を見ているとします。あなたは、１つの番組しか見ていませんが、別のチャンネルでは、いくつもの番組が同時進行で流れていることは理解できますね。

拓巳　はい、それはわかります。

バシャール　次に、あなたは、それまで見ていたチャンネルから別のチャンネルに切り替えて、他の番組を見ることにしました。すると、それまで見ていた番組は過去のものになったか、と言われればそうではないですよね。あなたがその番組を見なくなったとしても、同時進行で、別のチャンネルでその番組がまだ流れているわけです。

拓巳　はい、それも理解できます。

バシャール　つまり、さっきまで見ていた番組も、今ここに存在しているのです。「存在」とは、この考え方と同じです。すべてのもの、すべての場所、すべての時間は今、ここに存在しています。ただ、**あなたの意識が常にシフトし続けている、つまり、チャンネルを変え続けている**のです。**あなたは、過去にあなた以外の誰かであったということはありえません。あなた以外の誰かは、今現**

**在も、その誰かとして存在し続けているから**です。

拓巳

では、僕は別の人として未来生を送ることはない、ということになりますね。

**過去も未来も現在も**
**今、ここにあるということは、**
**過去生も未来生もないということになる！**
**君という存在は、**
**この宇宙でたった1人だけ。**

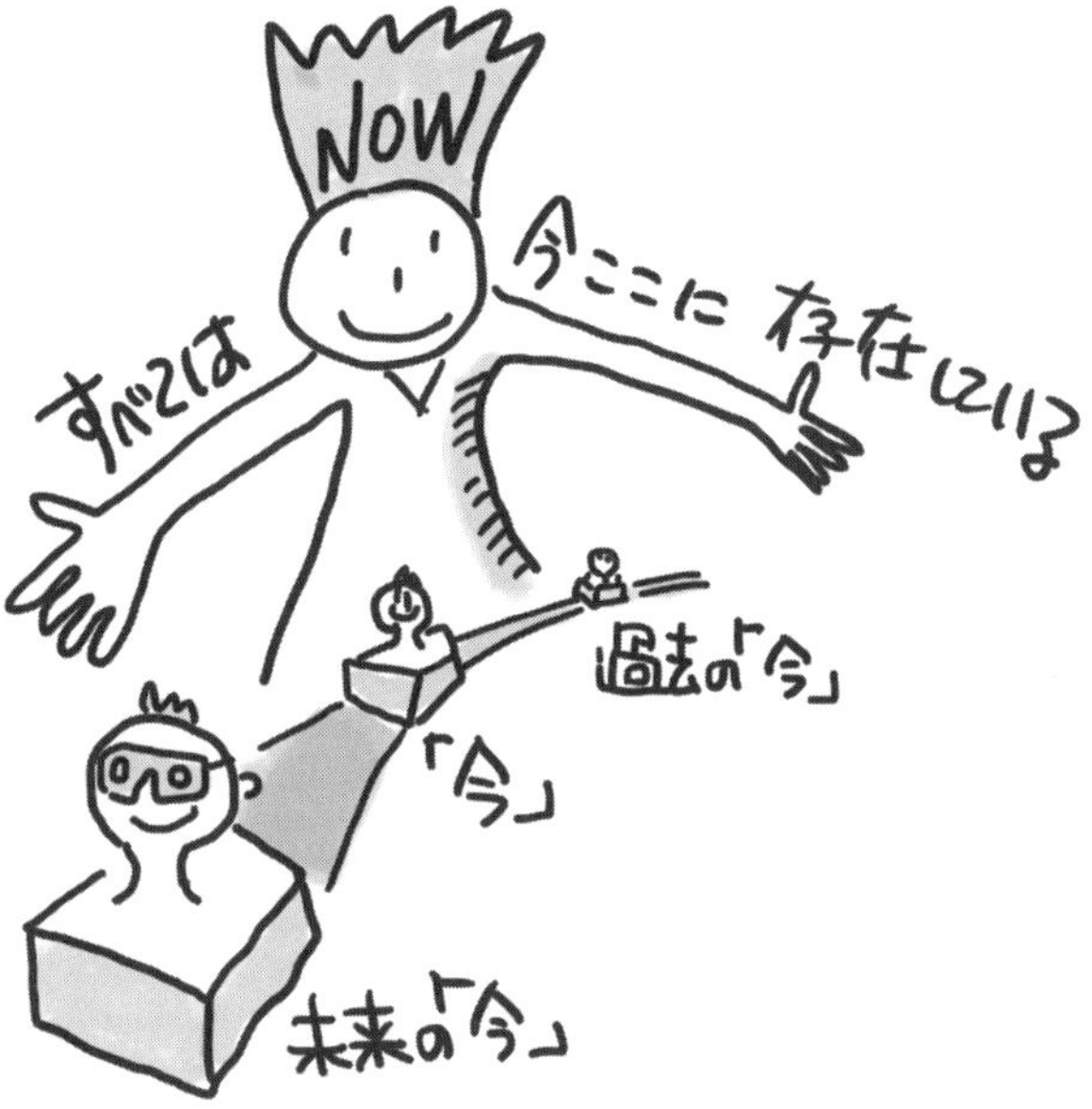

## 過去や未来の誰かとエネルギー的につながることは可能

バシャール

はい。あなたは未来において、別の人に生まれ変わるわけではなく、今のあなたと同時に未来のあなたとして、ここに存在しているのです。でも、今の**あなたは、過去や未来のもう1人の誰かとエネルギー的につながることは可能**です。そして、**エネルギー的につながると、その人の体験や情報をここで活用できます。**

これは逆に、相手の側からも同じことが言えます。たとえば、あなたが過去に亡くなった人だと思っている誰か、または未来の誰かが、向こう側から今のあなたとエネルギー的につながると、その人があなたから自分に何かプラスになる情報などを受け取って活用できるのです。**すべては、今ここにつながる巨大なネットワーク、インターネットのようなもの**なのです。

拓巳

ほ〜、スゴイ！　過去からも未来からも、両方向でつながることができるんですね。

バシャール

そうです。「輪廻転生は存在しない」ことは、事実を見ればわかります。多くの人が「自分の過去生は、ジンギスハンだ」「クレオパトラだ」「シーザーだ」などと言いますね。それは、**そのように発言する人たちが、本人たちと同じ情報でつながっているから**です。もし、クレオパトラが今という時に同時に存在していなければ、何人もの人たちが「自分はクレオパトラだった」という感覚を感じることは不可能なのです。

拓巳

確かに、そう言われてみればそうですね。情報を共有することで過去生を生きたと感じるわけですから。

バシャール

ではここで、先ほどの質問に戻りましょう。「思い込みは来世に持っていけるか」という問いにお答えするならば、**自分の人生をより良い方向に導くためには、今お話しした〝つながり〟を活用することはできる**わけです。あなたは実際に過去や未来の他の人ではなくても、ある特定の人とつながることによって、その人の情報を自分の人生にふさわしい形で活用できるのです。この説明でわかりますか？

## 肉体を持ったスピリットは、生きながら長い夢を見る

拓巳

――はい。よくわかります。思い込みや観念はそんな形でも磨いていけると――

いうことですね。でも、輪廻転生がないとなると、僕たちは死んだらどこに行くんでしょうか？

バシャール

スピリットになります。肉体を離れると、スピリットとしての自分が目覚めます。皆さんにとって、**スピリットという状態が本来の自然な姿**です。今だって、あなたはスピリットなのですよ。**この物質的な現実は、あなたがスピリットという状態でありながら肉体を持ち、夢を見ているだけ**です。そして、あなたの意識の一部が「自分はスピリットではない」というふりをしているのです。でも、だからこそ、この物質世界を体験できているのですよ。

拓巳

スピリットである僕たちは、この現実を生きながら夢を見ているんですね。でも、一生という時間の長さで考えると、とてつもなく長い夢ですね。

バシャール

はい。だから**死ぬことは、夢から目覚めるようなもの**です。たとえば、寝ているときに、あたかも現実のようにリアルな夢を見ることがありますね。朝、目が覚めて、「さっきの夢は、本当にリアルだったな！」と感じることがあるでしょう。でも、その後にすぐ、「目覚めた今の状態が、本当の現実だ」と理解しますね。同じように、死という体験も朝、目が覚めて、「さっきの夢ってリアルだったな」と感じながらも、「本当の自分は、こっちの現実なんだ」と思うような状態なのです。でも、**忘れないでください。皆さんは夢を見ることで、多くのことを学べる**のです。夢の中で何かを選択したり、決断したりしているのですから。

拓巳

つまり、スピリットは、夢の中で切磋琢磨して自分を磨いているわけですね。

## 死後に別の並行次元で人生の続きを送る人

バシャール

はい。さらには、**その夢の中で、また、もう1つの別の夢をクリエイトすることもできるし、他の次元や他の惑星に行くこともできます。望むことは何だって創造できる**のです。または、本当は死んでいるのに、あたかも自分は死んでいないかのように、生きている時とまったく同じような人生を体験する選択だってできるのです。もちろん、実際には生きていた時と同じ人生を生きるわけではないのですが、非常に似ている並行現実の中で、継続する現実を生きることもできます。

拓巳

―― へ〜。それは驚きですね！　そんな選択もできるんですね！ ――

バシャール

はい。たとえば、実際にはこういうこともあります。死に至るような大きな事故から生還して、その後の人生を続ける人もいますね。でも実は、その人は**実際には死んでいるのですが、死後に違う並行現実に移動していたりする**のです。そんな人は、自分は事故で生死を彷徨《さまよ》ったあげく、どのように生還できたのか思い出せない、などと自分では感じています。でも、その人は1つの現実で一度死んだ後に、また新たな現実を別の次元でスタートしているのです。けれども、その2つの現実があまりにも似通っているがために、あたかも自分は死んでいないかのような錯覚に陥っているのです。

拓巳

いや〜、面白いですね！　自分では九死に一生を得て生き延びたと思っていても、実は本当は死んでいて、そこから並行次元で人生の続きを生きるなんて……。なんだか、映画になりそうですね。

バシャール

つまり、**そのような選択をする自由さえも、皆さんに与えられている**ということです。でも大抵は、スピリットガイドたちが来て、どのような選択をするかというお手伝いをしてくれます。

拓巳

よかった！　スピリットガイドが、死んだ後にどんな選択が自分にふさわしいかを導いてくれるんですね。それは助かります（笑）。ところで、先ほどは、「来世に思い込みは持っていけるのか？」という質問でしたが、少し質問を変えてみたいのですが、そうすると、僕たちは死んだ後に、生きている間に体験した記憶は、スピリットになっても持ち続けることになりますか？

## 死後は人生のおさらいをする

バシャール

イエス、もちろんです！　**ほとんどの人は、死後にそれまでの人生を回想するという、おさらいの段階を必ず経る**ことになります。だから、実際に死んだ直後は、「生きていた時のことは、何ひとつ忘れていない。すべてを覚えているんだな」ということに気づくはずです。

拓巳

――スピリットになっても、生前の記憶をすべて覚えているんですね！――

バシャール

それも、人生のおさらいをするステップでは、生きていた時のすべての瞬間を思い出します。**スピリットの状態になると、物質世界のように時間は進まないので、一瞬の間に一生涯におけるすべての瞬間を追体験します。**そして、自分が人生において何を達成したのか、しなかったのか、ということが、ここでわかるのです。

拓巳

――よく、そういう瞬間には、「これまでの人生が、走馬灯のように駆け巡――

る」なんて表現をしますが、本当にそうなんですね！

バシャール

実際には、自分の人生のすべての瞬間を思い出したり、見たりするだけではなく、人生を追体験するのです。それも、**自分の立場からの体験だけではなく、その時々のシチュエーションに関わっていた人々の側からも体験します。**スピリットになると、**自分と他者の間には境界線もバリアもないので、自分も他者も同じ**なのです。その追体験では、その状況で相手が幸せを感じていたら、自分も同じようにその幸せを感じられるし、反対に、相手に何か痛みや苦しみを与えていたなら、その思いを当事者として受け取るのです。でもそれは、罰としての体験ではないのです。こうして、あらゆる立場からの体験をすることで、**自分がどういう体験を望むのか、望まないのか、ということをここで知るため**なのです。

拓巳

まさに、最後の審判のような瞬間ですね……。しかし、罰ではない。

バシャール

また、このおさらいにおいては、自分が行ったこと、成し遂げたことの結果もすべて追体験します。これらのすべてを、瞬きするほどの速さで体験する中で、**そのうちの1つの体験を、そこに戻って何度も繰り返し体験することだって可能**なのです。もし、そこから何かの教訓を学びたいと思えば、そんなこともできるのです。そこでの学びから、新たにどんな体験をしたいかも明確になるからです。これも、皆さんの持つ**「自由に選択できる」という偉大なパワーのなせるワザ**です。もちろん、その選択はあなた次第ですけれど。

## 僕たちは、〝ウニのトゲ〟のような存在

拓巳

ということは、この死後の追体験における学びのステップも、思い込みを外したりするために学ぶのでしょうか。それとも、何か違う目的があるのですか？

バシャール

あなたは、クリエイションの一部です。でもまだこの時、そのことを思い出していません。あなたは、物質的な状態であろうと、非物質的な状態であろうとも、創造物の1つとしての存在です。ですから、このプロセスでは、自分の観念・信念を変えていく、というだけではなく、**本来のあなた自身を思い出していく作業**になります。あなたは、大いなる存在を反映しているユニークな1人なのです。

**一人ひとりが、〝大いなる存在の目〟の役割をして、それぞれ違った見方や感じ方をしている**のです。すべての存在は、大いなるすべての一部として同時に存在しているのです。皆さんの惑星上では、この大いなる存在のことを「神」と呼ぶ他、いろいろな呼び方をしていますが、私たちは、これを「All《オール》

that《ザット》 is《イズ》（大いなるすべて）」と呼んでいます。**すべてのものは、この「All that is」から成っている**のです。このことは、理解できますか？

拓巳

なんとなくですが、わかります。たとえると、ウニの中心部分が大いなるすべてであり、ウニの殻のトゲの一本一本が、一人ひとりの個々のスピリット＝存在みたいな感じでしょうか。そして、各々の体験がすべて、中心部分のウニの部分、つまり、「All that is」のところでつながっている、という理解で大丈夫ですか？

バシャール

はい、そうですね。皆さん一人ひとりが〝ウニのとげ〟のような感じですね。

**ウニのトゲトゲが一人ひとりなんだね。**
**そして、ウニ全体が「ワンネス」であり、**
**「All that is」になる。**

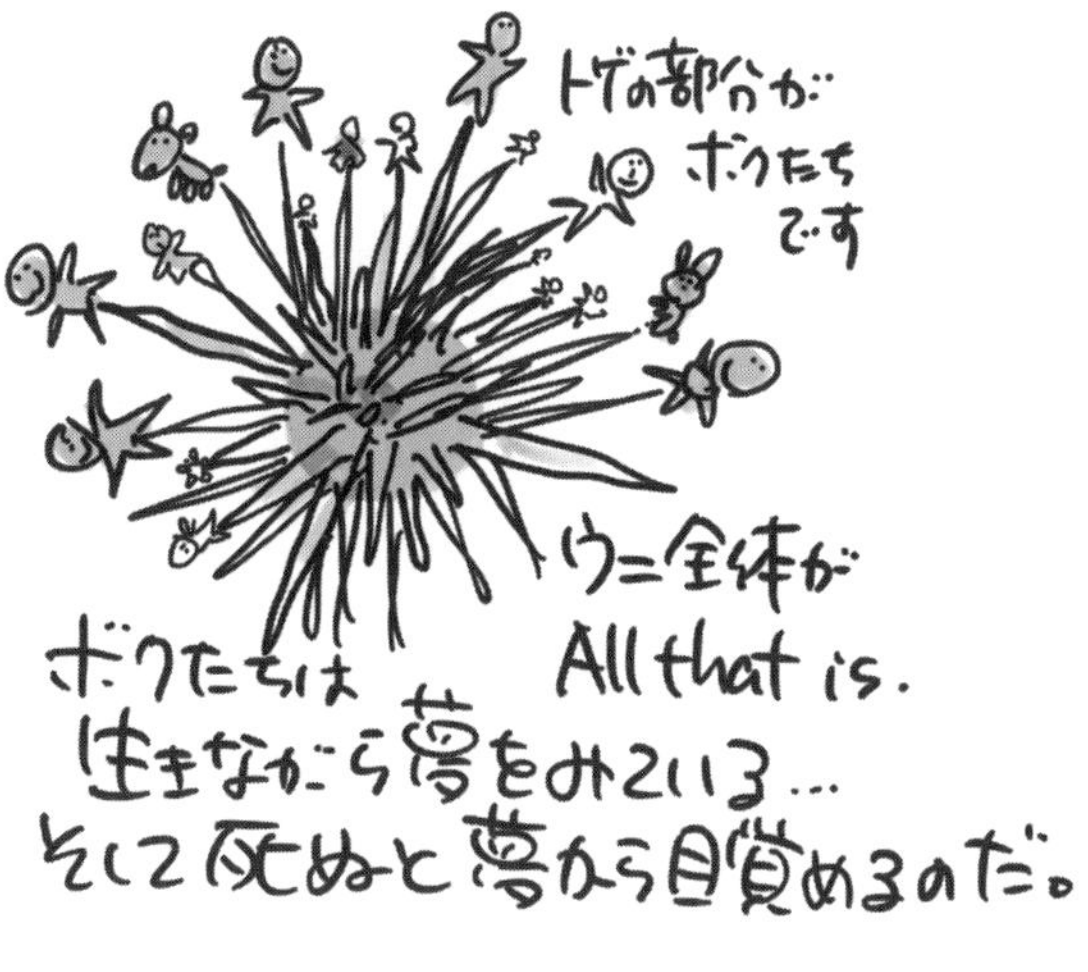

## 輪廻転生がないなら、「ダリルの未来生がバシャール」という説明はどうなる!?

拓巳

じゃあ、僕もウニのトゲの1本ですね！　そうすると、ちょっとここで質問なのですが、バシャールは、ダリルの未来生といわれていますよね。バシャールたちの惑星、エササニは地球の3000年先の未来ともいわれていますが、生まれ変わりがないとすれば、これについて、どのように理解すればいいのですか？

バシャール

まず、時間を直線的に見た場合、私はダリルの未来生という言い方にはなりますが、すべての存在が同時に存在していると言いましたね。そうでなければ、今、この瞬間のこのような体験（ダリルがバシャールをチャネルして、対話が実現しているということ）はありえないわけです。つまり、未来が皆さんの考えている形で存在していたら、未来と過去がこのようにつながることはできないはずです。でも、**時間を直線的な概念で見ると、私はこのチャネラーのダリルの未来生の1人であり、私の過去生の1人がダリル**ということになるのです。

拓巳

つまり、すべてが同時に存在しているから、この瞬間の対話も可能なんですね。そうすると、2人は、お互いにどのように影響をし合っていたりするのでしょうか？　やはり、情報交換をしたりするのでしょうか？

バシャール

ダリルが、私たちのシェアする内容を自分の人生に活用することを選べば、その選択によって彼の人生をよりいい方向に改善できるはずです。でも、これについても、選択するかしないかは、彼の自由です。反対に、私たちの方にはどんな影響があるかというと、こうやって皆さんとお会いすることで、私たちのファミリーの輪がより大きく広がっていくのです。

皆さんの方も、**私たちがシェアする情報を活用していただければ、皆さんの波動も変わり、私たちの波動に近づいてくる**でしょう。そして、よりお互いが共鳴しやすくなってきます。すると、いつの日か実際に直接会うことができるかもしれません。すでにご存じだと思いますが、私は、「ファースト・コンタクト・スペシャリスト（オープンコンタクトを受け入れる準備が整っている惑星とコンタクトをする役割）」という職業なのですから。

拓巳

はい、知っています。これまで、僕を含めて地球の多くの人が、バシャールからの教えにインスパイアされて波動を上げてきたと思いますよ！

バシャール

ありがとうございます。私たちが皆さんとこのような情報をシェアするのも、より早い段階で私たちが皆さんの惑星にファースト・コンタクトができれば、という思いもあるからです。私たちの文明では、このようなコミュニケーションによって、逆に、皆さんの体験を理解することができているのです。やはり、このような交流なしでは、理解不可能なほどにお互いの状況は異なっているのですから。でも、このようなやりとりを通して、お互いが近づけるのです。

# 第4章
# すべては「方程式」ありき

## 最初は個人レベルからはじまるコンタクト

拓巳

では、僕たちが実際にバシャールたちに会えるようになるのは、いつ頃ですか？

バシャール

皆さんが私たちの情報を活用して波動が上げられれば、先ほどもお伝えしましたが、**おそらく２０３３年から２０４０年の間のどこかで、私たちの文明と出会うことが可能**です。でも、私たちの惑星であるエササニよりも別の文明の方が先に地球とファースト・コンタクトを行います。

拓巳

それは、バシャールがこれまでの発言において、「ヤイエル」と呼んでいる文明の種族ですよね。ちなみに、その際に地球側が対応するのは、各国の代表からなる連合政府のような組織ですか？　それとも、やっぱりアメリカですか？　それとも、もっと個人的なイベントになりますか？

バシャール

最初から、連合などの組織やアメリカが国として対応するという感じではありません。まずは、**個人レベルの交流からはじまり、それから少人数のグループとなり、そこから、大きいレベルへと広がっていきます。**

拓巳

徐々に徐々に、という感じなんですね。でも、こうやって地球も宇宙へと開いていくことで、人類は大きく変わっていきますよね。

バシャール

というよりも、人類が大きく変わるからコンタクトがはじまるのです。だから、皆さんに変化が起きないと、コンタクトも起きませんよ。でも、シフトをしない人たちは、コンタクトの体験すらしないでしょう。つまり、**シフト**

**をした人たちだけが、このようなコンタクトを体験する**のです。

拓巳

あー、そうか……。地球人の全員がコンタクトの体験をするわけではないんですね。

バシャール

思い出してください。**たくさんのバージョンの地球が同時に存在していることを。**すでにコンタクトがはじまっている地球もあれば、これからコンタクトが起きるバージョンの地球もここに存在していて、今後、コンタクトが起きない地球も存在しています。でも、**あなたが自分のエネルギーを変えていくことで、自分の望む現実と共鳴していきます。**その上で、自分の望む体験の中にコンタクトも含まれているのなら、コンタクトができる現実にシフトしていくのです。

拓巳

そうでしたね。やっぱり僕は、コンタクトが起きる地球に存在していたいですね。だって、想像しただけで、ワクワクするじゃないですか！

バシャール

私たちがこのように話をしているということは、将来コンタクトの体験をする可能性を大いに秘めているということです。

## すでに地球外の存在は、地球で暮らすレッスン中

拓巳

そうすると、地球へのファースト・コンタクトを行う種族、「ヤイエル」について教えていただけますか?

バシャール

**最初のハイブリッドとしてのコンタクトがヤイエル、ということ**です。ハイブリッドではない種族からのコンタクトは、その前にあるかもしれません。

拓巳

ハイブリッドということは、ルックスは地球人と似ているということになりますよね。

バシャール

はい。地球人に姿形は似てはいますが、一般的な地球人よりも、目が大きくエキゾチックな感じの外見ですね。でも、私たちの姿よりも、ずっと人間らしい姿です。ヤイエル人が普通に道を歩いているとすると、あなたは、この人はどこかエキゾチックな国から来た人なんだな、と思うでしょう。あと、彼らのほとんどが5フィート（約150センチ）以上の背の高さはないはずです。

ハイブリッドのヤイエル人は、
道ですれ違ったら
エキゾチックな美人さんらしい……。
会ってみたいな。

拓巳

ほう〜。目が大きくてエキゾチックで背はわりと低めなのですね。ちなみに、彼らの地球へのコンタクトの目的は何になりますか？　あと、ヤイエルという星は、どこにあるのでしょうか。

バシャール

彼らは惑星ではなく、大きな宇宙ステーションや母船などに住んでいます。彼らは将来、**地球の人と一緒に生きていくことになる「シャラナヤ」と呼ばれるハイブリッドの保護者的な存在になる**でしょう。

拓巳

なるほど。そうすると、一旦コンタクトがはじまると、どれくらいの数の異星人たちが地球に来るのですか？

バシャール

何十万人という規模になりますが、一度にやってくるわけではなく、徐々にやってくるでしょう。**実際にはすでに今、もう地球上に住んでいて、皆さんと一緒に生活するためのレッスンをしている存在たちもいます。**彼らはもちろん、身分は隠していますけれども。

拓巳

へー、すでにもう地球に来ている存在たちもいるんですね。ちなみに、彼らの目的は何なのでしょうか？

バシャール

たとえば、ヤイエル人は「シャラナヤ」と呼ばれるハイブリッドが地球の社会に順応して平和に暮らせるように見守ることが目的です。一方で、人類の方も次第にハイブリッドとの生活に慣れていきます。そして、そこからまた子孫が生まれ、その子孫から6番目のハイブリッド種族が誕生します。**その種族の名前は「エナニカ」**です。

拓巳

地球人とハイブリッドで、新しい種族をまた作っていくんですね。そうすると、地球人とハイブリッドが一緒に自然に暮らすようになるのはいつくらいでしたっけ？

バシャール

ゆっくりとした形で進行しますが、ファースト・コンタクトの後の2040

年くらいから2100年の間には、このようなことが起きていくでしょう。
これも地球の進化の一部です。お伝えしたように、地球人が第6番目のハイブリッド種に進化する過程にある中で、これから生まれてくる**新しい子どもたちは、ハイブリッドが地球にやってきたときに、彼らと融合しやすいように新しい種、つまり地球人としてのハイブリッドになっていく**のです。

拓巳

地球人たちの方も、すでにDNAから変化を遂げつつあるということですね。

バシャール

はい、**「上なる如く、下もまた然《しか》り（As above So below）」**という言葉がありますね。それと同じです。

拓巳

「上の宇宙で起きることは、下の地球でも起きる」ということですね。
つまり、宇宙からの変化に合わせて、地球の方も変わるのですね。

バシャール

はい。地球のハイブリッドと宇宙の他の場所から来たハイブリッドが掛け合わされて、第6番目の種族ができるのです。

拓巳

聞いているだけで、ワクワクしてきますね。2040年以降だというと、僕たちが生きているうちに、実際にハイブリッドたちをこの目で見ることができるのかもしれませんね。

バシャール

楽しみにしている皆さんの方は、「look forward（楽しみにする）」かもしれませんが、私たちにとっては、「look backward（未来の存在であるバシャールから見ると、「前」でなく「後ろ」を向くことになるというジョーク）」になります（笑）。

拓巳

ウイットに富んだジョークをありがとうございます（笑）。

# 人生を乗りこなし、本当の自分を生きるための「方程式」

拓巳

となると、コンタクトをより早く実現するためにも、僕たちは、どっちの方向にシフトしていけばいいのでしょうか？

バシャール

この方程式をご存じですか？　**①まずは、自分の情熱に従い行動をする。②それに対して、ベストを尽くす。③そして、その結果には執着しない。④常にポジティブな状態を保つ。⑤①～④を実行することにより、自分にプラスの結果がもたらされる、**ということです。皆さんがコンタクトという方向にシフトをするための方程式も、これと同じです。

これはまた、**「本当の自分自身を生きるためのルール」**です。**皆さんが人生で体験すべきことは、何ひとつ例外なく、これが適用されます。**つまり、これに正確に従えば、あなたは体験すべきことをするのです。それほどシンプルなのです。だからこそ、皆さんにこれをお伝えしているのです。この5つを複雑にする必要もなければ、考えすぎる必要もありません。

**拓巳**

確かに。そうですよね。30年前にこの方程式に出会って、今の僕があるのですから！

**バシャール**

そう、**必ず効果がある**のです。ですから、使い続けてください。もちろん、何度も言いますが、選択肢はあなたに委ねられています。この情報を伝えることが私たちにとってのワクワクであり、このことに喜びを感じているのです。だから、皆さんがそれを活用しようがしまいが、どちらでも構いません。それに、このことに誰も耳を貸さなくても、私たちは言い続けます。なぜなら、それが私たちの情熱だからです。

**拓巳**

おー、カッコいいですね！　僕たちにそんなふうに情熱を感じてくれるバシャールに感謝です。だから、僕もこの方程式をたくさんの人に伝えていきますね。そんな形で貢献できればと思っています。

**バシャール**

はい。でも、あなたが本来の自分自身になれているのなら、そのままで貢献できるのです。逆に、あなたが本来のあなたでなければ、他の誰を助けられるでしょうか。**本来のあなたになれれば、見知らぬ人にも良い影響を波及できるのです。**たとえ、助けを必要とする人がいたとしても、あなたはそのことに気づく必要もないのです。本来のあなたになれれば、そんな人たちにもインスパイア（触発）できるのです。それで充分ですよ。

**拓巳**

そうですね。「誰々を助けよう」「貢献しなくては！」なんていうことは、わざわざ考える必要はないのかもしれませんね。

## 人生のすべての場面で使える「方程式」を使いこなそう！

# ハイヤーマインドとの相互関係を育てる

バシャール

はい。たとえば、あなたが道を歩いていたとします。あなたは、とても幸せそうに歩いています。すると、あなたの姿を見かけた道行く誰かも、同じようにハッピーな気持ちになれますね。あなたは、そのことに自分で気づかなくても、すでに、こんな形で他の人に貢献できるのです。ただし、大切なことは、**あなたから何かを受け取った人が、それをどのように使うのか、使わないのか、などはあなたには一切関係がないということ**です。その人は、あなたから受け取るべきことを受け取るまでです。それで充分なのです。

拓巳

――そうですね。実際にそんな形で周囲に影響を与えられたらいいなと思い――

ます。ちなみに、〝本当の自分〟とは、ワクワクしているときの自分ということですよね？

**バシャール**

イエ～ス！　**何かに対して情熱を感じている瞬間こそ、自分とハイヤーマインドがつながっている瞬間**です。ハイヤーマインドの言語はエネルギーです。ハイヤーマインドからのエネルギーは、ワクワクや情熱などに翻訳されて感じ取られます。そのとき、それに対して行動を起こせば、ハイヤーマインドに応えていることになります。でも、**言葉にするだけではなく、行動を起こさなければなりません。**

ハイヤーマインドからワクワクというシグナルが来ているということは、チャンスなのです。だから、それに従って行動を起こせば、ハイヤーマインドがもっと情熱を感じることを送り続けてくれるでしょう。でも、行動を起こさなければ、ハイヤーマインドの方は、「この人は、送る情報を使ってくれないんだから、もう、これ以上送るべきじゃないんだな」となってしまうのです。あなたは、**物質的な現実の中で、ハイヤーマインドには行動を起こし応えていくことで、相互関係を育てていける**のです。

拓巳

そうか！　ワクワクに応えて行動しないと、ハイヤーマインドはもうワクワクのサインを送ってくれなくなるんだ。それは、困りますね！　ところで、ここでちょっと個人的なことも訊きたいのですが、たとえば、僕は自分の大切な人や仲間に対して、「そっちにワクワクするより、こっちにワクワクした方がいいんじゃないの？」なんて思うこともよくあるんですよね。そういうときって、どうすればいいのですか？

## 他の人のワクワクには、口出し厳禁！

バシャール

もし、その人が自分の情熱に従っているのなら、なぜそれを止めなければならないのでしょう。あなたから見て、それが本当の情熱に見えなくても、あなたがとやかく言うことではありません。自分の方がその人よりも重要なことを知っている、というような考えは手放してください。**あなたは、自分以外の他の誰かの人生を生きる必要はありません。**それにあなた自身は、その人がそのとき、人生のどんなプロセスを歩んでいるのか、ということはわからないはずです。**あなたにできることは、ただ方程式を伝えることだけ**です。後は、その人に任せてください。

拓巳

おっしゃるとおりかもしれませんね。彼らは自分の人生を歩んでいるんですよね。ただ、そばで見守っていればいいんですね。

バシャール

はい、覚えておいてください。自分以外の誰かが、あなたにとってどんな姿に映っていたとしても、その人の本質は、不滅のスピリットなのです。あなたがその人のことをパワフルで永遠の存在だと思うことができれば、なぜ答えを急《せ》かす必要があるのでしょう。そして、その人が同じことを理解するのに10年かかるかもしれない。もしくは、今生ではわからずに死んでいくかもしれません。でも、だから何だというのです。あなたは、その人が何を理解すべきかを決める立場ではありません。

拓巳

そうか……。相手を理解しようなんて驕《おご》った考え方なのかもしれませんね。

バシャール

あなたができるのは、ただその情報をシェアすること。その後、その情報を使うかどうかはその人が決めます。もしかして、その人はその情報を5年後に活かすかもしれない。いや、10年後、20年後かもしれない。けれども、その人にはその人の人生があります。今、それを使ってもらえなかったからといって、それが何だというのですか。そうすれば、**他の人が変わることを期待せずに、あなたが変わればいい**のです。そうすれば、**あなたの現実で起きるべきことが**

**起こる**のです。

拓巳
そうでしたね。他の人を変えようとするのではなく、自分が変わればいいのですね。

バシャール
**あなたの幸せは、他の人を拠《よ》りどころにするのではなく、あなた自身が決める**のです。

## チームのメンバーは皆が同じエネルギーであるべき

拓巳
はい、よくわかりました。同じような質問かもしれませんが、僕自身がビジネスをする時にはチームで仕事をすることが多いんです。僕は、リーダーとして皆にポジティブな選択をしてほしいと思っているのに、なぜか、僕から見てネガティブを選んでしまう人もいます。そんな時、もどかしい気持ちも感じますし、僕がそんな人に向けて何か自分ができることがあれば、と思ってしまうんですよね。

バシャール

あなたがトレーニングをしたにもかかわらず、ネガティブな選択をする人がいるのなら、なぜあなたは、その人と一緒に仕事をしたいのでしょう。そのような人は、あなたから離れてもらえばいいのです。「どうぞお帰りください」と。それくらいシンプルなのです。**あなたのチームで機能しない人は、その方が上手く機能する人たちと、他の場所で一緒にやっていけばいい**のです。

拓巳

そうですね。確かに、僕の所ではダメでも、その人には他にふさわしい場所があるのなら、それがベストですね。

バシャール

もし、あなたと違うエネルギーの人がいるのなら、その人はあなたのグループのエネルギーにはそぐわないわけです。でも、**チームとは、皆で同じ方向を目指して進んでいくもの**です。ですから、チームの誰かが違った方向を目指しているのなら、その人はチームの一員ではありません。そんな人をあなたの下で縛らずに、早い段階で去らせてあげることが愛のある行いです。そうすることで、あなたのチームに新しい人を加えることもできるのですから。もちろん、**一旦はその人に選択肢のチャンスを与えることも大切**です。
わかりますか？

拓巳

はい。よくわかります。アドバイスありがとうございます。確かに、相手のことを思えば、そうするべきですね。でも、僕の方も、その人に変わってほしいという思いもあり、相手もそれに応えたいけれども、自分なりの考えもあって苦しんでしまうのなら、結果的によくないですよね。

バシャール

**チームのメンバーは、自分と同じ理解を共有する人であるべき**です。ですから、たとえ一言で「情熱に従い行動をする」と言っても、この言葉にはたくさんの要素があるのです。たとえば、①何をするのか、②それをどのように行うのか、③誰とそれを行うのか、④どこでそれを行うのか、というふうに各々の要素をクリアしなければなりません。

このうち、1つでも本来の要素に沿わないものがあるのなら、本当の意味で情熱に従っていることにはなりません。チームのリーダーとは、すべてのチームメンバーがベストな状態で能力を発揮できる状態を創り出せる人のことです。それぞれの人にふさわしい場所があり、必ずしもすべてのメンバーがあなたの下に属する必要はないのです。

拓巳

そうですね。スタッフたちが思う存分活躍できる環境を提供すべきなのは僕の役目ですね。よくわかりました。チームのリーダーとして、スタッフにはそんな視点で接していこうと思います。

バシャール　バシャールのビジネスクラスに参加していただき、ありがとうございます（笑）。

拓巳　はい、いい勉強になりました（笑）。

## 「Think out of the box（箱の外で考える）」の答えを聞かせて！

拓巳　ところで前回、僕たちの友人のナオキマンとバシャールの対話の中で、自分の中にあるネガティブさを消す方法として、「*Think out of the

＊ Think out of the box（箱の外で考える）—— バシャールとナオキマンとの対談（『バシャール× Naokiman Show 望む未来へ舵を切れ！』）において、「頭の中にネガティブな自分がいるときの対処法」という質問に対して、バシャールは次の機会に回答すると答えていた。

box（箱の外で考える）」という方法があるとのことでしたが、これについて教えていただけますか？

バシャール

はい。これは、誰もが使えるテクニックです。これはつまり、**物質的な現実から一歩、離れたところから問題を見る**のです。つまり、問題をハイヤーマインドに近い視点で見るということです。たとえば、あなたが何らかのネガティブな思考を感じているとしたら、その問題を箱の中に入れるイメージをしてみてください。そして、その箱を遠くから客観的に見るのです。そうすると、すでにそれは今の自分の思考ではなく、離れたところにあるものと捉えられますすね。

拓巳

はい。問題を俯瞰する、という感覚ですね。

バシャール

そうです。**この方法は、あなたが中立的な立場でその問題を見る、というテクニック**です。でも、これも1つの「許可証（パーミッション・スリップといい、自分が変わるために許可を与えるもの)」でしかありません。つまり、この方法を使って、より本来の自分になれるのならば、それでいいのです。この方法に効果を感じられるのなら、どうぞお使いください。もちろん、他のメソッドやツール、儀式などであなたが惹《ひ》かれるものがあり、それを使って本来の自分になれるのなら、それを使ってもいいのです。

ちなみに、許可証は自分のオリジナルのものをつくることも可能です。私たちがお伝えしているテクニックのここが気に入っているのでここを取り入れて、あのテクニックのあの部分を少し足して、などというふうに、**自分だけのテクニックをつくってもいい**でしょう。レストランに行ってメニューを見るのと同じです。メニューからは、自分の好きなものしかオーダーしませんよね。メニューの全部をオーダーする必要はないのです。そんな感じで考えてください。

拓巳

なるほど。自分だけに効果のある方法を自分で知っておくのは大事です

――ね。

## トリセツは正しく使用しても、スタイルはそれぞれ

バシャール

はい。基本的に、私たちがお伝えしている方程式は、テクニックではありません。方程式は、現実がどのように作用しているか、という構造です。この**方程式は、取扱説明書みたいなものであり、車の運転テクニックを学ぶようなもの**です。でも、どんな格好で車に乗り込むか、などには各々のスタイルがありますね。

たとえば、自分の車のキーホルダーには5本の鍵が付いているという人がい

るかもしれません。また、ある人は、キーホルダーをつけずに車の鍵だけの人もいるでしょう。さらには、運転の際には専用の靴で運転する人もいれば、裸足で運転した方がいい人もいるかもしれません。こんなふうに、各々のスタイルはさまざまですが、でも、車にエンジンをかけて運転をするという事実は誰もが同じです。この違いは、わかりますね？

拓巳

はい、わかります。それぞれが方程式を使いながら、自分にとってふさわしいスタイルを探るんですね。

バシャール

はい。でも、**マニュアルを正確に実行することは、忘れないで**ください。皆さんは、「自分の情熱に従って行動します！」と言います。でも、多くの人が忘れているのは、「その結果に対する期待や思い込み、執着をなくす」ことです。また、4番目の「常にポジティブな状態でいる」ことも忘れないでください。自分が望まないことが起きると、「やっぱり間違っていたんだ！」とネガティブな気持ちになったりしますが、それでは、この方程式に従っていることにはなりません。この場合は、結果に執着していたことになりますね。

拓巳

要するに、どんなスタイルであれ、トリセツは正しく使うべき、ということですね。

バシャール

そうです。車の運転の例で説明すると、「私は情熱に従うんだから！」とアクセルだけ踏み続けて、ブレーキを踏むことを忘れている人がいるのです。でも、ブレーキを踏むことは、アクセルを踏むことと同じくらい大切です。だから、望まないことが起きても、「これには、きっと何か理由があるに違いない」と理解できれば、ポジティブな状態でいられるはずです。指示書の中のどの項目も無視できません。それに、**マニュアルが機能するためには、練習も必要**です。車の運転だって、ピアノを弾くことだって同じですね。きちんとルールに従い、練習を続けなければ何事も上達しません。

拓巳

生き方もレッスン次第、ということですね。

# 第5章
# 地球を脅かす問題に人類はどう立ち向かうべきか

## 世界的なパンデミックは、怖れの集合意識がカタチになったもの

**拓巳**

ところで今日、日本から大きなニュースが舞い込んできました（対談時は2020年2月末）。実は、ここ最近、日本だけでなく、世界は新型コロナウイルスによるパンデミックの騒ぎで大変なことになっています。日本では、感染の拡大を防ぐために、首相が小・中学校の臨時休校を要請すると発表したそうです。どうして今、このような大きな問題が起きてしまったのでしょうか。

**バシャール**

この問題が今、世界のさまざまな場所でそれぞれ違った形で問題となり、世界中の人々がこの問題に直面しています。**この問題の原因の1つとして、**

**人々の怖れに対する集合意識がこの問題を顕在化させた**ということが言えるでしょう。また、**現在の地球は、さまざまな有害なもので汚染が進行**しており、そのために、このような病気が発生することも考えられます。さらには、**気候の変化も原因の1つ**です。

今、これまでの古いシステムが崩壊する時を迎えています。現在、地球の周囲を覆う怖れの観念が、この古いシステムを崩壊させようとしているのです。2020年は、重要な変化のポイントになる年です。今は、**古いシステムの崩壊が加速して、それによって新しいシステムが顕現化する時期であり、また、それが構築されるべき時**なのです。これで答えになっているでしょうか。

拓巳

なるほど。人類の怖れの集合意識が、このような問題を発生させたのですね。でも、僕たちは、この状況をなんとか乗り越えていかなければならないわけです。そのためにも、具体的にどのようなことをしていけばいいのでしょうか？

**バシャール**

**常にポジティブな心の状態でいてください。**なぜなら、ポジティブな心の状態からしか、新しいシステムを生み出すインスピレーションは湧いてこないのです。ネガティブな心からは、ポジティブな解決法は生み出せません。**今、起きているすべてのことからレッスンを学びとってください。**それによって、世界にポジティブな変化をもたらせるはずです。

**拓巳**

このような危機的な状況の時に、ポジティブな心の状態でいるためのコツはありますか？

**バシャール**

自分自身に問いかけるのです。「ポジティブな解決策は、ポジティブな状態からしか生み出せないのに、どうしてポジティブ以外のものを選ぶ必要があるの？」と。たとえば、ここに青のクレヨンと赤のクレヨンの2色があったとします。あなたが私に、「青のクレヨンを選ぶためのヒントは何かありますか？」と質問したとします。そうしたら私は、「赤を選ばなければいいんですよ」としか答えられません。

拓巳

は～、そこまでシンプルですか。つまり、ポジティブでいるためには、ポジティブを選ぶだけ、ということですね。

バシャール

はい。とても単純なことです。もし、あなたが青のクレヨンを選びたいならそれを選ぶ、というだけです。なぜ赤のクレヨンを選ぶ必要があるのでしょう。すべての行動は、選択することから生まれます。だからこそ、**望まないものを選んでしまう背後には、どのような観念や思い込みがあるかを見ていかなければならない**のです。

ポジティブからしか

ポジティブなものは生まれない、

という事実。

## 新型コロナウイルスは人工的なものではない

拓巳
ポジティブな選択からしか、ポジティブな状態は生まれない。本当にそうですね。ところで、この新型コロナウイルスは、人工的に作られたものではないかという説もあるのですが、これについてはどうなのでしょうか？

バシャール
違います。

拓巳
このウイルスは、自然に発生したものなのですか？

バシャール

はい、そうです。これは、**もともと自然発生したものが、その後、変異した**ものです。でも今、あなた方が体験しているこの現象がなぜ起きたのかと訊かれるのなら、皆さんの集合意識の中にある怖れがこれを引き起こした、というのが大きな理由です。今後も、**気候の変動に伴い、また新たに表面化してくる病気もある**はずです。実際に、地球上にはまだ多くの未知なるウイルスが存在していて、何万年もの間、人類はその病気に罹患《りかん》していなかっただけ、というものもあるのです。

たとえば、そのような**病原菌は、古代からの永久凍土層の氷の中で氷結したような形で存在していたりします**。ところが、**気候変動により氷が溶けたことでそれらが表面化して、問題を引き起こすこともある**のです。でも、どのような状態に陥ったとしても、皆さんができることは、「いかなるときでも、ポジティブな状態を保つ」ということです。わかりますか？

拓巳

――はい。僕たちにできることは、常にポジティブな状態を保つ、というこ――

となのですね。でも、この新しいウイルスに対して、日常生活において具体的な予防策はありますか？　たとえば、一般的には手を洗ったり、うがいをしたり、マスクをしたり、人混みを避けたり、みたいなことが推奨されていますが、他に何か気をつけるべきことはあるのでしょうか？

バシャール

そのような具体的な方法は、すべて「許可証」でしかありません。**重要なことは、自分の高い周波数を保つ、ということ**です。もし、**あなた自身の周波数が高ければ、そのようなウイルスとも共鳴しません。**

そして、エネルギーの高い状態を保つためには、すでにお伝えしている「方程式」に従うだけです。ただし、もし特定の具体的な方法に自分が惹かれるのなら、それは、その人にとって効果のあるものです。ですから、その場合は、その方法を試せばいいのです。

# 免疫アップはデトックスから

拓巳

なるほど。自分にとってこれは良さそうだな、と思えるものは本当にその人には効果があるのですね。

バシャール

そうです。そして、やはり、**身体を強い状態に保つためには、常にデトックスを心がけて**ください。また、摂取する**食事はオーガニックなもの**にしてください。いいですか。皆さんの大気、水、食べ物は、すでにもう汚染されているのです。ですから、もし、身体の細胞に有害物質が溜まっていたら、せっかく栄養を身体に取り入れたとしても、吸収できません。まず、行わなければならないことは、**体の解毒**です。

拓巳

免疫を上げるためにも、まずはデトックスから、ということですね。わかりました。ちなみに、この新型コロナウイルスの問題は、どのようにしたら終息させることができるでしょうか？

バシャール

その質問には、お答えできません。というのも、あなた方は今、通過すべきプロセスの真っただ中にいるからです。そして、その過程において、ポジティブな状態を保つことによって、新しいものを発見していくからです。そのために、ある一定の情報やヒントなどはお伝えできても、本来起きるべき歴史を変えるような情報はお伝えできません。今、あなた方は、ネガティブなものをポジティブなものに変換させていくためのトレーニングとして、この問題を体験しているのですから。

拓巳

なんと、これも地球規模のトレーニングなんですか。でも、僕たち人間は、このような状況に直面すると、どうしても不安やストレスを感じた

——り、ネガティブな感情を持ってしまったりするものなんですよね……。——

ウイルスに負けるな、地球人!!

Be Positive!

## ポジティブに振れるほど、ネガティブに気づく

バシャール

**存在するすべてのものには、ポジティブ、ネガティブ、そしてニュートラル（中立）、という3つの要素が存在しています。**だから、何もネガティブな要素を排除しなければならないわけではありません。ネガティブな部分を認めた上で、ポジティブを選べばいいのです。皆さんの意識が拡大していく過程において、ネガティブなものに気づくプロセスは必ずあるのですから。でも、波動を上げながら、**よりポジティブの方に振れていくと、当然ですがネガティブなものは比率的に少なくなりますが、逆にネガティブなものに気づく**ようになるのです。

拓巳

そういうことか！　ポジティブに振れるほど、ネガティブなものに気づいていくんですね。

バシャール

はい。でもその時、重要なことは、**常にポジティブを選択する**ということです。**ネガティブな存在を認めつつも受け入れないことで、ポジティブが増えていく**のです。でも、最初からネガティブなものを見ない姿勢でいると、よけいにネガティブが増えてしまいます。ですから、そのようなやり方はしないでください。

拓巳

はい。ネガティブな部分を認めた上で、ポジティブの方を選択する、ということですね。ところで、現在、地球を悩ませている別の現象についても、ちょっと質問してみたいのですが……。今、時を同じくして、アフリカ東部から大量発生したバッタの大群の襲来によって、大変なことが起きています。大群のバッタが農作物を食べつくして海を越えて中国やインドなどにも迫ってきているのですが……。このままでいくと、地球は食糧危機にも陥るんじゃないかともいわれています。この件については、どう思われますか？

バシャール

これもやはり、**気候の変化から起きている**わけですが、これに対しても先ほどの問題と同じ答えになります。今、起きていることは、皆さんの根底にある怖れに満ちた観念が全部表面化して起きていることです。ですから、この問題に対処する方法も、**同様に「ポジティブな状態を保つ」ということ**になります。それに、気象変動があれば、どうしても、さまざまな昆虫や生物が増殖する現象は起きますね。

## バシャールが提案するバッタ問題の仰天な解決法とは!?

拓巳

なるほど。これに関しても、解決方法は同じなんですね。

バシャール

はい。実は、かつて地球の気候がもっと温暖だった大昔には、バッタ1匹の大きさが、今のネコ1匹ぐらいの巨大なサイズだった時代もあったのですよ。

拓巳

え〜っ!? なんと、古代のバッタはネコくらいの大きさもあったのですか? 想像するだけでもスゴイんですが(笑)。

バシャール

気候の変動とともに、昆虫が巨大化するようなことはありえることです。でもこういったことも、すべてはその惑星の集合意識の状態によって起きる問題なのです。先ほどの問題もこの問題も、一見それぞれ別の話のように見えますが、**実は、もとをたどると同じ問題**なのです。**これらの問題の裏側には、きちんと相互関係や因果関係がある**のです。

拓巳

なるほどね。人類を悩ませているこの2つの問題が今、この時期に起きていることも偶然ではないということですね。

バシャール

はい。理解していただきたいのは、**自然のサイクルの中で、このような出来事は必ず起きてくる**ということです。そして、これらの問題を解決したくても、皆さんが恐怖の中に留まってしまうと、解決策は見出せないかもしれない、ということです。

ではここで、ちょっとジョークを交えてお話ししましょうか。といいながら、実はこれは真剣にお伝えしたいことでもあるのですが……。要するに、バッタが大量に発生して人間の食糧を食べてしまうということが起きているわけですね。では、なぜ皆さんはそのバッタを食べないのですか？

拓巳

そ、そんな〜!! 僕たちがバッタを食べるんですかっ！

バシャール

「バッタを食べなさい」とまで提案しているわけではありませんが……、そういう考え方だってできると思いませんか？　地球上には、昆虫を食べる民族もいるわけです。ある特定の食糧の供給が減るのなら、それに対して、増えていくものもあるということです。このケースなら、増えていくものはバッタですね。もしそうならば、バッタを新しい食糧として使う方法も考えられるわけです。**ある1つの栄養源が減ったら、別の栄養源が増えていく、というふうに、自然界はバランスを取っているもの**なのです。

拓巳

いやいや、その発想はなかったです！　でも、確かに最近は、「昆虫食」という言葉もあって、昆虫は将来的にタンパク質を補う食糧になるということで、昆虫食を出すレストランなんかも出てきてはいるのですが……。

バシャール

はい。ですから、そんな考え方もできますよ、ということです。私たちはただ、自然界の摂理がどのようになっているのか、ということをわかっていただきたかっただけです。1つのものが増殖すると、もう1つのものが減少する、という形で必ず自然界はバランスを取るのです。この考え方は解決方法にはならないかもしれませんが、こんな感じで論理立てて進めていくと、いつか必ず、この問題にも対処できる方法が見つかるはずです。

## バシャールさん、
## バッタを食べろと言うんですか？

## 人類がサバイバルの中で学習した「怖れ」という感情

拓巳

よくわかりました。こういった問題の解決策を考えるためにも、想像力を広げていろいろな選択肢を増やしていかなければならないですね。ちなみに、怖れの集合意識のようなものは、僕たちの中に、もともとブループリントとして組み込まれていたのでしょうか？

バシャール

ノー、ノー、ノー！　違います。**これは皆さんが学習したもの**です。もちろん、現在の地球の波動が皆さんのネガティブなエネルギーを増幅している、という意味ではイエスです。けれども、だからといって、皆さんの本質にネガティブなものが、もともと存在していたわけではないのです。

拓巳

そうなのですね。それはよかったです。ネガティブな因子が人類のDNAの中に最初から植え付けられているのかと思ったんです。

バシャール

先ほどもお伝えしたように、すべての存在の中に、ポジティブとネガティブ、そしてニュートラル（中立）なエネルギーが存在しているという意味では、イエスです。ですから、これが「もともと持っていたブループリントですか？」と言われれば、もちろんイエスです。でも、怖れという反応は元来あるものではなく、学習したものなのです。たとえば、皆さんの持つ**怖れの感情の中には、自己防衛本能やサバイバル本能などがありますが、それすらも人類が学んできたもの**なのです。

拓巳

怖れという感情は、人類が古代からサバイバルしながら現代に至るまで歴史の中で学習してきたものなんですね。そして、時に恐れは集合意識となり、パンデミックなどになって目に見える形で人類を脅かしてくる

——と。恐怖とは、まるで、モンスターみたいな存在ですね。——

# 第6章
# 夢を叶える旅路こそが目的地

## 自分の叶えたい結果やプロセスに執着しない

拓巳

では次に、夢を叶えるということについて、質問があるのですが……。すでにお伝えしたように、僕は約30年前にバシャールの「ワクワクすることを追いかける」という言葉を実践してきました。そして、夢を叶えるためには、「自分の夢や目標が、あたかも、すでに叶ったかのようにイメージして行動する」というやり方でやってきました。でも、方程式の③番目には「結果に執着しない」とありますね。実際に、願望実現のためには、「あたかも、それが叶ったかのように行動することで夢が叶う」ということを説く方も多いのですが、これについてどう思いますか？

バシャール

ワクワクするために、自分の描く夢をイメージしたり、目標を設定したりすることはいいことです。けれども、自分が設定したゴールが、まったく同じように起きなければならないわけではありません。**重要なポイントは、あなたが想像しているような結果に対して執着しない、ということ**です。なぜなら、まったく違う結果がベストな形で現れることがあるからです。「この現実が叶うべき！」とこだわり続けていたら、もっといい結果が起きることを自分で妨害することになるのです。

拓巳

そうか。ということは、目標を持ちベストを尽くす。でも、結果に執着しない、ということですね。

バシャール

はい。プランを練るのは構いませんが、結果は変わりうる、ということが計画に入っていなければなりません。ですから、どちらの方向に自分が誘《いざな》われていったとしても、**常に自分のワクワクだけに従っていればいい**のです。

例を挙げて説明してみましょう。あなたが道を歩いていたとします。すると、目の前に高い壁が立ちはだかりました。あなたは、その壁を越えて向こう側へ行かなければなりません。でも、その壁を登ろうとしても、何度も途中で落っこちてしまいます。すると、遠くにいる見知らぬ人が「こっちにおいでよ！」と叫んでいるのが見えました。でも、あなたは「この壁を登らなくちゃ！」と耳を貸しません。その後も、あなたは壁を登ろうとしては落ちて、ということを繰り返すだけです。再び、その人が「こっちにおいでよ。これを見て！」と誘ってきます。あなたは疲れきってしまったので、ついに「しつこく誘ってくるから、ちょっと見に行くか」という気持ちになりました。

そして、その人のもとへ着くと、その人から「見て、ここにドアがあるよ」と言われたのです。それは向こう側に壁を越えずに行ける扉でした。そこであなたは、気づくのです。向こうへ行くには壁に登る方法しかないことにこだわり続けていたということを。だから、**もし情熱に従っているのに、思うようにことが進まないのなら、それは、何かが邪魔をしているのではなく、「他にやり方があるんだよ」ということを教えてくれている、ということ**なのです。このように、ハイヤーマインドからのメッセージを、そして、シンクロニシティが起きることを信頼してください。

拓巳

はい。つまり、結果には執着しても、そのプロセスには執着しない、ということですね。

バシャール

プロセスだけでなく、何に対しても執着しないのです。この壁の例で言えば、壁の向こう側にあるものは、あなたが必要だと思っていたものとは違い、本当に必要な別のものがあったのかもしれません。プロセスとゴール、目標は一体です。どちらかに執着して、どちらかに執着しないということではないのです。**この旅こそが、あなたの目的地**です。

プロセスにもゴールにも

執着しないでいこう！

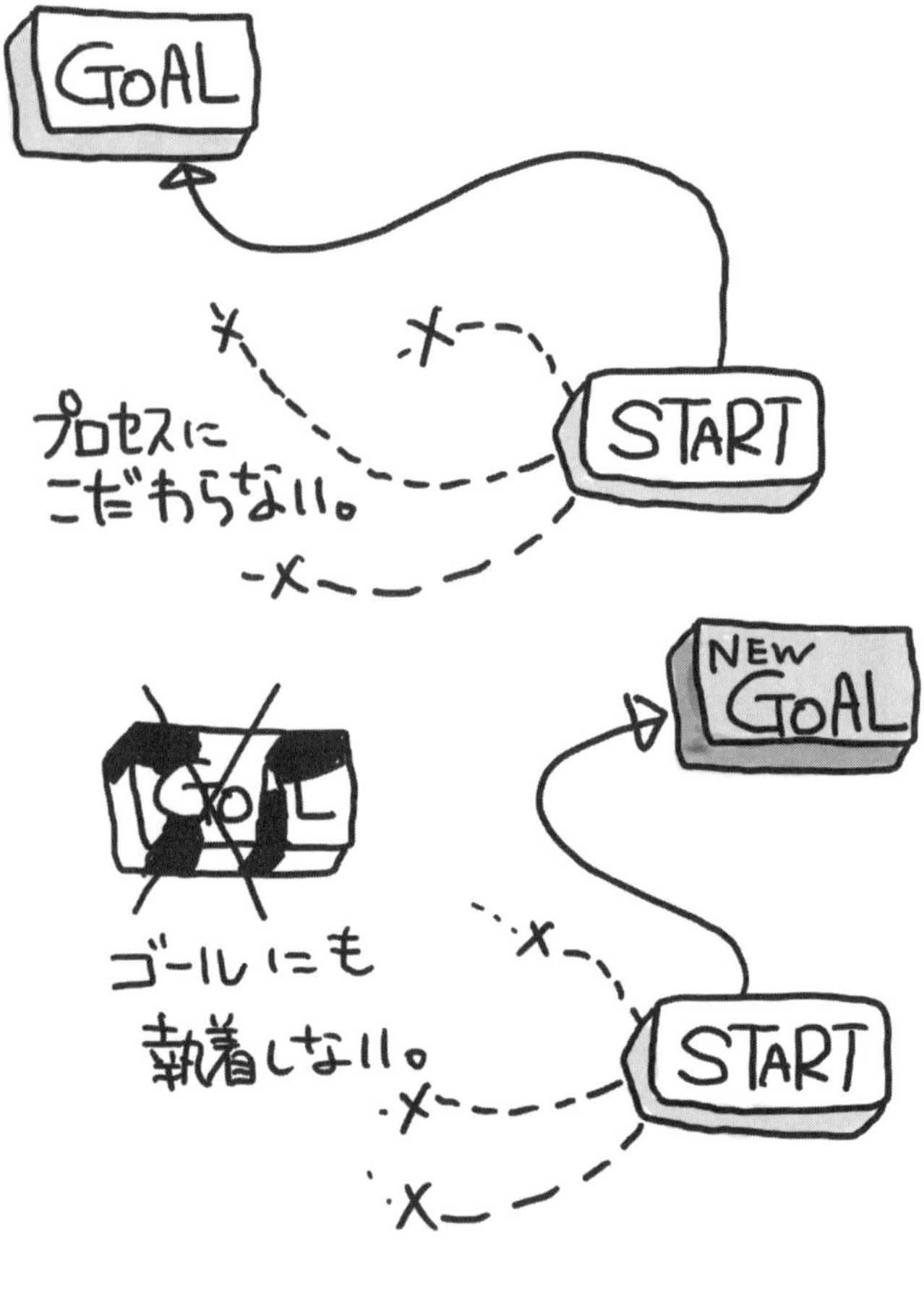

# 歌手なら、歌が歌えればいい

拓巳

なるほど、「夢を叶える旅こそが目的地」なんですね。そうすると、たとえば、僕が歌手になりたいとしましょう。そして、なかなか上手くいかない、とします。その場合……（バシャールが発言をさえぎって）。

バシャール

「なかなか上手くいかない」という表現をするなら、それは、「こうなるべき」という想定をしていることになります。**自分の情熱に従って行動したのなら、もうそれで充分**なのです。あなたが生まれついての歌手なら、ただ歌を歌うだけ。歌うことで何が起きるかなどを心配する必要はありません。ただし、歌を歌っていると、次に誘われる方向が見えてくるでしょう。まずは、1歩目を踏み出すと次が見えてきます。それは、**あなたが想定したことではないかもしれませんが、でも、それは起きるべくして起きる**のです。

たとえば、あなたの歌を聴きたいという人が出てくるかもしれないし、レコーディングをする話が舞い込んでくるかもしれない。でも、CDを発売してもしなくても、他の人があなたの歌を聴こうが聴くまいが、あなたは歌手になれるのです。もしかして、自分の子どもや周囲の人に歌を歌うだけで充分かもしれません。そして、あなたの歌を聴いた人が「今日はいい気分になれた」と感じるかもしれません。そうしたら、誰かの役に立ったことになりますね。

**拓巳**

そうですね。好きな歌を歌うことができれば、その人は歌手なんですね。

**バシャール**

はい。そして、先ほどの「歌手になりたいけれども、なかなか上手くいかない」という判断の場合、やるべきことがあります。それは、あなたが、「自分で思い描く歌手というものに、どんな定義づけをしていたか」と問いかけることです。「歌手として、こうでなければならない」というものはないはずなのです。

皆さんの多くが誤解し、混乱しているのがこの部分です。自分で目標を設定して、それを叶えるために頑張ろう、というのが自分の情熱に従うことだと思い込んでいます。そして、その結果が起きなければならない、と思っています。けれども、実はそうではありません。**常に、すべての可能性にオープンになってください。**これだけ、と決めてしまうと、もっと良いものを逃してしまいますよ。

拓巳

そうですね。結果にこだわらず、可能性をオープンにする。それだけで、たくさんのサプライズが舞い込んできそうです。それを楽しみながらやっていければ一番ですね。

# 僕たちは今、ポジティブな海流で泳いでいる

拓巳

先ほど、僕たちは死ぬとスピリットに戻るというお話がありましたね。そうするとスピリットは、肉体を持って経験値を上げながら、より高次元の存在になりたいという「欲」があるという認識でいいですか？

バシャール

はい、スピリットとしての気づきが拡大していくということですね。でも、「欲（greed）」という言葉は、何だか少しネガティブな印象ではないですか。

拓巳

では、言い換えるなら、スピリットとして「向上心を持っている」、みたいな感じですかね。

バシャール

はい、それならいいですね。**今、クリエイションが少しだけポジティブな方向に流れています。**ですから、その流れの中にいる皆さんも、同じ体験をしています。現在、すべての存在は、ほんのわずかポジティブに傾いている中にいます。**51パーセントのポジティブと49パーセントのネガティブという感じ**です。完全に中立する地点にいれば、どちらでも選べますね。

でも現在は、クリエイションがわずかにポジティブな方向に流れているので、皆さんは今、より成長して、より学んで、より統合をして、より経験を深めて……というふうに、**本来の自分自身に近づいている最中**です。海には海流がありますが、皆さんは今、海流に沿って泳いでいるということです。

拓巳

そいえば、陰と陽のマークも、2つの要素が流れの渦の中にいるイメージですよね。

バシャール

はい。だからもし、ネガティブなエネルギーの中に入ってしまうと、現在の自然な流れに逆らってしまいます。つまり、海流の反対側に向かって、一所懸命泳ぐような感じになってしまうのです。ですから、どうしても抵抗や痛み、苦しみを味わうのです。

拓巳

流れに逆らうと泳いでも前に進めないから、よけいにもがいてしまいますね。わかります。そうすると、僕たちは肉体を持った存在としてワクワクに従って生きることができたら、肉体を離れた後に、おおもとである「All that is」に戻ったときに、そこに良いエネルギーをお返しできる、という感じなんでしょうか。

バシャール

「All that is」だけでなく、どのレベルにいても常に選択はできるので、そこが終わりというわけではないのです。**終着地点というものは存在せず、次に次に次に……と、永遠が続くだけ**です。それに、あなたが「All that is」の状態を体験したとしても、その「All that is」は、この「All that is」、あの

「All that is」、こちらの「All that is」、といろいろな「All that is」があり、**決して終わりはありません。なぜなら、はじまりさえもない**からです。**〝ただ在るのみ〟**です。覚えておいてください。時間とは、「All that is」の中にあるクリエイションの1つなのです。

拓巳
要するに、「All that is」の中に、時間も創造されているのですね。

バシャール
はい。「All that is」は、ただ在るのみなのですから。

拓巳
でもとにかく、ワクワクに従っていれば、常にしかるべきところに導かれていくわけですね。

バシャール
はい。別の言い方をするなら、**ワクワクに従っていると、しかるべき結果をきちんと受け取れるということ**です。もちろん、得られる結果は、思っていた結果とは違うかもしれません。けれども、どちらにせよ、あなたが行くべき方向には導かれます。大切なことは、目標が重要ではなくて、その旅自体が大切だと言いましたね。**旅における体験こそが目標**なのです。

拓巳

そうでしたね。スピリットとしての旅も同じなんですね。

## 「引き寄せの法則」というより「鏡（反映）の法則」

拓巳

ところで、「自分が出したものは戻ってくる」「自分が発信したものは受け取る」という返報性の法則がありますが、これをバシャールの考え方からご説明いただけますか？

バシャール

まず、物質的な現実は本物ではなくて、ただの幻想であり錯覚です。つまり、自分が何かを発しても、あちら側にあるものは実際には存在しません。ということは、自分が何かを発信したもの、与えたものは、すぐに鏡のように自分に反映して戻ってくる、ということです。つまりこれは、**自分自身の意識から反映されたエネルギーのパターン**なのです。

拓巳

うーん。そうすると、たとえば、「手に入れたいものをまず自分から差し出せば、それは後になって自分の元に戻ってくる」という考え方もあるのですが、これは正しいですか？

バシャール

それは、ある人から「○○が欲しいのでください！」とお願いされたら、その人にそれをプレゼントする、ということを言っていますか？　これも、豊かさの考え方の1つです。人に何かを贈ることができる、ということ自体が豊かなことですね。けれども、**ここで伝えようとしていることは、その豊かさではなく、「反映」であり「映るもの」**のことです。この法則は、現実がいかに機能しているのか、ということを説明しているものです。誰かに何かを贈るということは、そのうちの1つの体験です。

近年、「引き寄せの法則」を多くの方が語っていますが、これは、**実は「引き寄せの法則」というよりも「鏡（反映）の法則」**なのです。つまり、**物理的に説明すると、「自分の周波数に等しい周波数の現実を体験する」ということ**です。つまり、自分の波動がある一定の幅の波長で振動していたとします。すると、その波長とは違う波長のものは受け取れません。同じ波長のものしか自分の元には来ないのです。ですから、もし、自分が低い周波数にあるとき、ある高い周波数で振動しているものが欲しいなら、低いところから高い場所まで波動を上げないと、それは受け取れない、ということです。

拓巳

そうすると、そこに至れない自分をどうやって高めていけばいいのですか？

バシャール

すでにお伝えした方程式を使えばいいのです。必要なことは、すべて皆さんにお伝えしています。**この質問も、あの質問も、どんな質問もすべて同じ答え**です。非常にシンプルです。

「鏡の法則」だから、
目の前に見たい世界は、
君が変われば変わるよ！

## 名前のないエササニでは陰徳の概念はない

**拓巳**

わかりました。何にでも使えるからこそ、〝方程式〟なんですね。となると、「与える」ということをもう少し掘り下げてみたいのですが、たとえば、僕たちの社会では、「貢献する」という精神が高く評価されています。中でも、誰にも知らせず密かに行う善行である「陰徳」と呼ばれる貢献が最も〝徳が高い〟とされるのですが、これについて、どう思われますか？

**バシャール**

まず、私たちの社会では各々が名前を持っていません。そして、私たちには**「必要なものが必要な時に、必要な人のもとに自動的に現れる」**ことが常に起きるので、何かを受け取る人が誰からそれをもらったのかがわかる場合もあれば、わからない場合もあります。そして、匿名性のある貢献を「陰徳」と呼んでいるのでしょうが、そもそも私たちは名前を持たないので、匿名でなくても公表する名前がありません（笑）。すべてのことが自動的に起きていますからね。

拓巳

なるほど～。そんな社会は、とても魅力的ですね。僕たちは、名前があるからこそ自我があり、自己承認欲求などもあるわけですから。

そうか！　僕たちは、
名前があるからエゴ（自我）があるんだね。
いつか、エササニみたいに
「We（私たち）」になる日が来るのかな……。

バシャール

シンクロニズムの社会で生きることは、とても楽しいですよ。**将来的には、皆さんの社会も波動が上がってくれば同じようになっていきます。**自分の周波数が上がれば、「すべてのものはシンクロニシティだったんだ！」と気づくはずです。これは自動的に起きるものなので、「シンクロニシティを創造する」という言い方ではなく、「すでに存在している多くのシンクロニシティに、より気づくようになる」と言う方がいいかもしれません。**これに気づけば、より意識的に調和の流れの中に一緒に流れていくことができる**のです。

拓巳

いつか、シンクロニシティですべてが回っていくような地球になれたらいいと思います。

バシャール

そのような形で機能しているバージョンの地球もすでに存在しているのですよ。あなたの波動が上がれば、自動的に新しいバージョンの地球にシフトしていきますから。

拓巳

では、僕の家族や大切な人たちはどうなるのでしょうか？

バシャール

今のあなたの周りにいる人たちを一緒に連れていかなければならない、というのではなく、そこには、そんな彼らもいる地球が存在しているのです。もちろん、あなたが情熱に従う生き方をすることでお手本になって人々を触発し、その人たちと一緒に新しい地球に移行することもできるでしょう。

拓巳

波動が上がった僕が行く地球には、波動が上がった僕の仲間たちもいるということですね。

バシャール

一方で、一緒にシフトをしない人もいます。でも、その人のことを心配する必要はありません。ただ、その人のあるがままに任せておいてください。すべての人にベストの結果を願う気持ちはわかりますが、**自分の周囲の人が皆、変わる必要もない**のです。その人にも変われるというチャンスを与えられれば、それでいいのです。**あなたはただ、先に進めばいい**のです。私たちが「自由に選択できる」と伝えるように、あなたも人々の自由な選択を尊重すべきです。

## シンクロニシティはダンスを踊るように起きている

拓巳

僕はただ、自分の波動を上げることだけ考えればいいんですね。ちなみにバシャールは、常に自動的に起きているというシンクロニシティを見逃すことはあったりしますか？

バシャール

ノー！　一度もありません。**シンクロニシティは発見するものではなく、た**

**だそれが起きるままに身を委ねるだけ**ですから。そして、世界中で起きているすべてのシンクロニシティに気づく必要もないのです。ただ、自分に関わりがあるものだけでいいのです。たとえば、1つの大きなシンクロニシティが起きたとして、それに関わる人が複数人いたとします。でも、その関係者全員に同じ形、同じレベルでのシンクロニシティが起きる必要はないのです。

拓巳

――なるほど。自分に関係あるものだけでいいのですね。

バシャール

ここで1つ、シンクロニシティの例を挙げてみましょう。歩道を100人の人たちが歩いていたとします。そのうちの1人がある本を持っていました。すると、その人が手にする本のタイトルをある別の人が偶然見ることになりました。ここでのシンクロニシティは、この人はこの瞬間に、その本のタイトルを見る必要があった、ということです。つまり、この本のタイトルを目にする必要があったこの人が、まさにこの瞬間にこの本に気づくためには、自分も含めて合計100人の登場人物が必要だったというわけです。

拓巳

ほー。1つのシンクロニシティを起こすために、100人のキャストが必要だったのですね！

バシャール

はい。このような形で、ある1人のためのシンクロニシティに99人が参加していることもあります。でも、残りの99人は、ある1人にこの時パワフルなシンクロが起きていることを知る必要もないのです。他の人たちは、ただその瞬間にそこにいただけです。**すべてのことはダンスを踊るように起きています**。もちろん、もしあなたの波動が高ければ、そのときに誰かがシンクロニシティを体験していることに気づくかもしれませんが。

拓巳

ミュージカルの劇の登場人物たちがダンスを踊るように、それぞれの役割を自然な形で果たしているのですね。

**バシャール**

そうです。ちなみに、周囲で起きているシンクロニシティに気づくための実践方法もあります。まずは、当然ですが方程式に従います。すると、あなたの波動が高まり、感覚がより鋭敏になります。そうなれたら、こんな実験をしてみるのもいいでしょう。たとえば、道を歩いているときに、ちょっと立ち止まってみるのです。そして、周囲の交通の様子や道行く人の風景を見渡します。

そうすると、その場所で、まるで振り付けされたダンスを踊るかのように発生しているシンクロニシティが目に入るかもしれません。それは、登場人物たちのボディランゲージや表情などでわかるでしょう。さらに**観察眼が開かれると、パワフルなシンクロニシティが起きている瞬間には、その登場人物の誰に向けて、そのシンクロが起きているのか、ということまでわかってくる**のです。こんなふうにして、人生のダンスの満ち潮と引き潮をより感じられるようにもなってくるのです。

拓巳

そんな実験をしてみるのも楽しいですね。毎日が宝探しゲームみたいな感じになりますね。いつも、誰かに向けて、何らかのシンクロニシティが起きていて、そしてそれを周囲の人たちが自分で気づかずに参加している、なんてステキですね。自分の感覚が広がれば、そんなことも見えてくるんですね。面白いな。

バシャール

そうなのです。**自分の感覚を大きく広げていくことこそが、生きるということなのです。**私たちの文明では日々の生活をそのようにして生きています。

## シャンパングラスに湧き上がる泡はコントロールできる？

**拓巳** ところで、僕たちは、朝起きてから眠るまでの1日の間に、7万個もの思考をしているといわれています。これをシャンパングラスの中のシャンパンにたとえると、1日に7万個の泡がグラスの底から湧き上がってくる、と考えられるのかなと思ったんですね。それで、この話を友人にしたら、友人から「その泡と泡の間にある、泡のない液体の部分があなた自身だよ」と言われてハッとしたのですが、それって合っていますか？

**バシャール** はい。ある意味、それは正しいです。

**拓巳** そうすると、この泡がないエリアはいったい何になりますか？

**バシャール** あなたのスピリットとしての真実の自己の部分、つまり、真実の意識です。

**拓巳** それは、〝大いなる意識〟とか〝ワンネス〟みたいなものとつながって

――いますか？――

バシャール　はい、すべてはつながっています。

拓巳　――ということは、僕たちもバシャールとつながっていると言えますか？――

バシャール　はい。もちろん、そのつながりを感じられない人もいるでしょう。けれども、すべてはつながっています。

拓巳　――このシャンパンの泡＝思考は、いったいどこから湧いてきているのでしょうか。――

バシャール　物質的な現実の中で物質的意識を持つと、観念が生まれます。その観念が感情や思考、行動、経験をクリエイトします。つまり、「真実の自己であるあなた＝シャンパンの液体」の中に現れる泡は、観念からできています。その

1つ1つの泡がどのくらいの大きさであるか、どんな種類の泡か、どのくらいのスピードで湧いてきては消えていくのか、などもそれぞれの観念によって変わるのです。でも、どちらにしても、あなた自身が酔っぱらってしまわなければそれでいいのですよ（笑）。

拓巳

さすが、ウイットに富んでますね（笑）。僕が思うに、この泡は下から自動的にどんどん湧いては消えていくのでコントロールできないように見えるのです。でも、もしこの泡が観念なら、今回、ずっとお話を聞いてきたように、僕たちはこれをコントロールできるということなんですかね……。

バシャール

**現れては消える泡のコントロールはできません。でも、泡のもと、つまり、泡を生み出している観念を変えるコントロールはできる**のです。観念が変わると、湧き出してくる泡も自ずと変わってきます。ということは、コントロールはできるのです。

拓巳

そうか！　ここでは、泡をプロデュースしているのが観念ということなんですね。

バシャール

別の言い方で説明してみましょうか。あなたが床の上で、2本のシャンパングラスを右手と左手に1本ずつ持ち立っています。するとあなたは、右手に持っていたグラスを手放しました。当然ですが、重力の法則でグラスは床に落ちて割れました。あなたは、グラスが落ちる最中や、床で割れる瞬間はコントロールできません。でも、グラスを持った手を放すかどうかはコントロールできますよね。

この場合、次に左手に持つグラスの手を放すのか、またはそのまま持ち続けるのかという選択肢があります。あなたはすでに先ほどの経験から、「グラスは、手を放したら落ちて割れるものなんだ」と学んでいます。だから、次の選択は自分次第なのです。この例のように、**湧き上がる感覚や思考に対す**

**るコントロールはできなくても、それを発生させる観念が変えられれば、次の選択はできる＝コントロールはできる**のです。今ので理解できますか？

拓巳 ――はい、よくわかりました。

バシャール ――では、乾杯！（グラスを掲げるポーズで）

拓巳 ――乾杯！（笑）（グラスを掲げるポーズで）

シャンパングラスの中に

湧いてくる泡はコントロールできない。

でも、シャンパングラスを持つ手は

コントロールできるね。

# 第7章 自分の乗る列車は賢く選ぶ

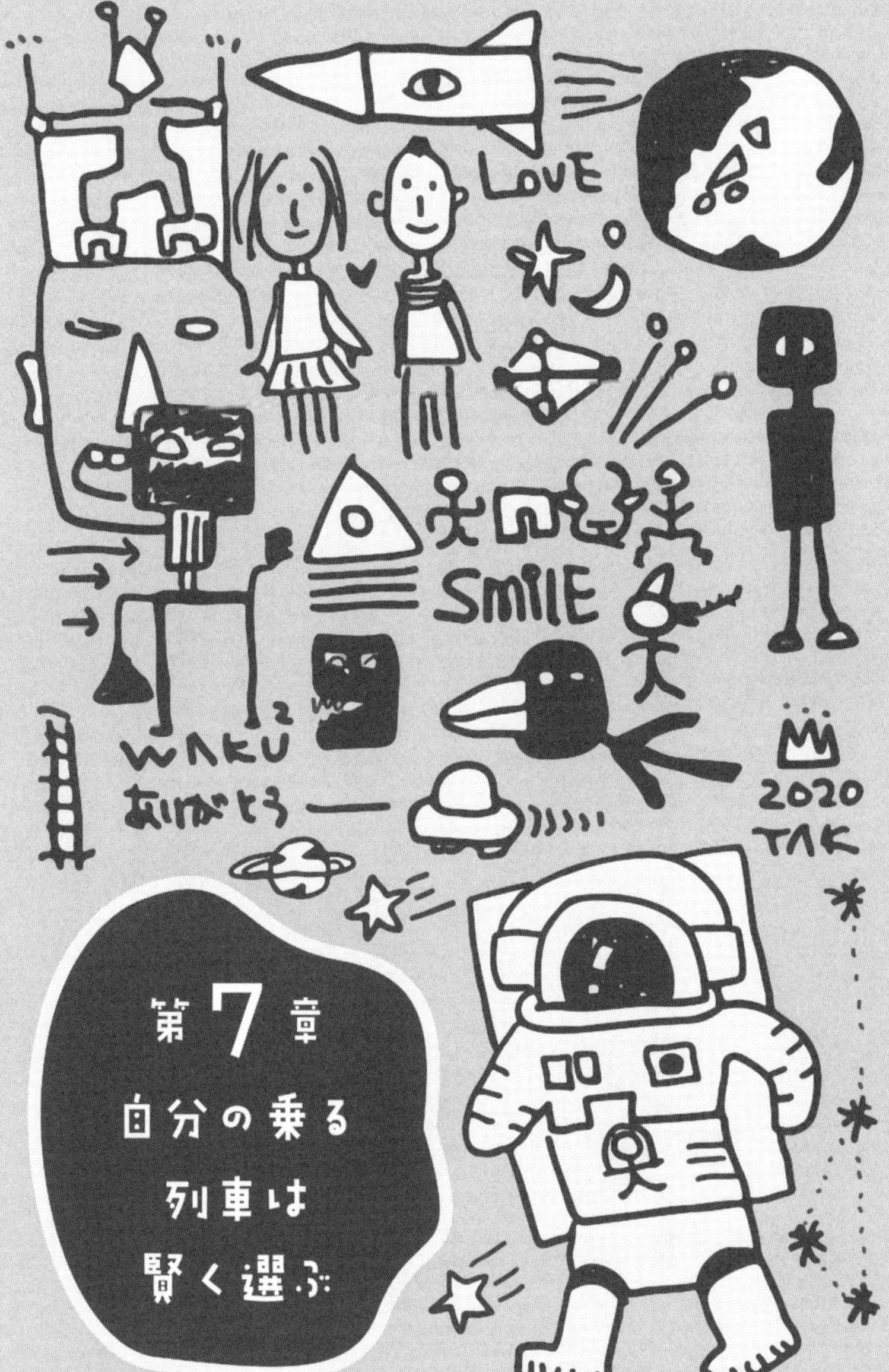

## ワクワクしているとき、脳波はガンマ波になっている

拓巳

今日の対話もすごくワクワクしていて楽しいのですが、よく、何かに夢中になっていることを「ゾーンに入る」とか「フローに乗る」とか言いますよね。こんなときには、やることなすこと上手くいく、というような感じがします。

バシャール

はい。**そんな瞬間こそが、真実の自分とチャネリングができている状態**ですよ。

拓巳

ワクワクして夢中になっているときが、チャネリングができている状態

──なんですね！

バシャール
そうです。そんな状態のときには、脳波が*ガンマ波になっています。

拓巳
ガンマ波……。

バシャール
ガンマ波は40～100ヘルツです。これは脳波のことを言っていますよ。自分が大好きなことをしているときは、脳波がそのくらいの周波数の帯域に入っています。これはチャネリング状態と同じ脳波の状態です。**本来の自分をチャネリングできている状態で、何の抵抗も感じていない状態**です。ですから、**それがフローのように感じられる**のです。

拓巳
僕は、こんなフローの状態は、2つのワクワクから成っているんだと思います。1つは、「今、やっていることが上手くいくといいな！」というワクワク。もう1つは……。

*ガンマ波――脳波にはデルタ波、シータ波、アルファ波、ベータ波、ガンマ波と5つの脳波がある中、ガンマ波は、最も高い周波数。知覚や意識に関連づけられているとされる他、高次精神活動にも関連しているとされている。

**バシャール**

（言葉をさえぎるように）「こうなるといい」という結果に執着をしたら、フローが止まってしまいますよ。

**拓巳**

あ、そうでしたね。わかります。だから、もう1つは、「こんなことを体験できている自分はうれしいな、ありがたいな！」という感謝の気持ちのワクワクなのだと思います。ノリノリで何かをやっているときって、この2つの感情がブレンドされた高揚する気持ちみたいなものなのかな、と。

**バシャール**

**フローに入っている状態とは、自動的に情熱に従っている状態、そして、感謝を感じられている状態、バランスがとれている状態、そして平和な状態で**す。情熱に従えば目標が叶うとか、目標を叶えるため情熱に従う、ということではないのです。

拓巳
つまり、「情熱に従いベストを尽くす」と「執着しない」という、方程式の2と3が一緒になるとフローに入れるのですね。

バシャール
そうです。関連性のあるものは、何ひとつ除外されていません。

拓巳
なるほどですね。

## バシャールの神様は「All that is（大いなるすべて）」

拓巳
バシャールは僕たちに生きるヒントや気づきを与えてくれていますが、バシャールにも、僕らにとってのバシャールのような存在はいますか。

**バシャール**　「のような存在」という意味がわからないのですが。

**拓巳**　――つまり、先生みたいな、メンターみたいな存在ですね。――

**バシャール**　はい。もちろん、間違いなくいます。たとえば、父親は私のメンターでしたよ。

**拓巳**　――どんなことを学んだのですか？――

**バシャール**　特に私は、ファースト・コンタクト・スペシャリストとして、自分の惑星以外の存在たちがどのような形で存在しているのか、などを常に探求していますが、**「生命が多様な形で存在する」**ことや、**「さまざまな次元や空間が創造されている」**ことなどを教わりました。そして、それらが**「さまざまな形で現れる」**ことなどを学びました。または、多様な「存在」に対するものの見方や観点なども学んでいます。

拓巳　そうなんですね。そうすると、バシャールに神様みたいな存在はいますか？

バシャール　「All that is」です。**「大いなるすべて＝在りて在るもの」**です。**存在するすべてのものは、この全体性の一部**なのです。

拓巳　となると、僕たちも死んでスピリットに戻ると「All that is」に戻るという話がありましたが、同じ「All that is」だと考えていいですか。

バシャール　皆さんも常に「All that is」の一部です。ただし、「All that is」のどの部分に自分が現れているのかが違うだけです。「All that is」はあらゆるすべてのものなので、その外側やそこから除外されるものなどは何ひとつありません。今もあなたは「All that is」の一部です。もちろん、あなたがスピリットに戻ったら、「All that is」をさらに深く理解できるかもしれませんが。

でも、だからといって、より「All that is」になるということもありません。「すべては、All that isからできている」と言う方がわかりやすいかもしれませんね。あなたも、「All that is」ですが、このテーブルも「All that is」です。床も「All that is」であり、空気も「All that is」です。亜原子の粒子も「All that is」です。**「All that is」でないものは何ひとつありません。**

拓巳

「All that is」とは、すべてを創造する源のようなイメージでしたが、実は、ここにあるすべてのものも「All that is」の一部なんですね。

バシャール

はい。もし、「存在」という言葉の方がより理解しやすいのなら、「存在」でも構いません。「神」と呼びたいなら「神」でもいいし、「女神」と呼びたいなら「女神」でも、「テーブル」と呼びたいなら「テーブル」と呼んでもいいのです。**「All that is」は、何と呼ばれようが構わない**のです。すべてのものは、その一部だからです。**それを超えたところに何かがあるわけでもないし、そこから何かが分離しているわけでもない**のです。

拓巳
まさにすべてが「All that is」なのですね。

バシャール
そういうことです。

## バシャールたちが宇宙で行う情報抽出活動とは

拓巳
ここで少しバシャールたちの世界のことも訊いておきたいのですが、エササニの最近の新しいテクノロジーで、バシャールが驚いたものは何か

──ありますか。──

バシャール　私たちが最近発見したことの1つに、ブラックホールの「イベントホライズン」から情報を抽出するという方法を見つけた、というのがありますね。

拓巳　──それは、いったいどんなものですか。──

バシャール　まずは、ブラックホールが何かというところから説明した方がいいですか。あなたは、ブラックホールのイベントホライズンについて理解していますか？

拓巳　──いいえ、わかりません。教えてください。──

バシャール　たとえば、巨大な恒星が爆発したとします。すると、その場では重力がものすごくパワフルになるので、そこで発生するブラックホールから外へ出られるものは何もなくなります。たとえば、ブラックホールに光のビームが差し込んだとします。すると、その光さえも中心に吸い込まれていき、逃れることができないのです。その何もできないちょうど臨界線みたいなところをイベントホライズンと呼んでいます。

残念ながら、このような説明の仕方しかできませんが、要するに、**ブラックホールの周囲に薄い殻のようなものが被さり、その殻の外側には光さえも漏れることはない**のです。そして、**その殻の部分がブラックホールのイベントホライズンと呼ばれる**のです。

**拓巳**　――はい、わかるような、わからないような……。

**バシャール**　――たとえば、断崖絶壁の上から海に飛び込んだら、崖の上には二度と戻ってこれませんよね。そのような感じです。イベントホライズンに一旦足を踏み入れると、戻ってこれないのです。実は、**このイベントホライズンの中にはた**

**くさんの情報が入っています。**

拓巳

それは、たくさんのものが吸い込まれているからですね。

バシャール

はい。私たちは今、多次元的な他の存在たちと一緒に、その中にある情報を抽出する活動を行っています。たとえば、何十億光年も離れたところにある惑星があるとします。普通なら何十億光年も離れていると、なかなかその場所まで行けません。でも、**ブラックホールのイベントホライズンの中から適切な情報を抽出できたら、その惑星に関することがわかりますよね。**ただし、イベントホライズンのどのスポットからそれを抽出すべきなのか、という的確なスポットまでピンポイントでわからないと、その情報は抽出できないのです。

拓巳

なんだかバシャールたちは、とてつもないことをやっているのですね。イベントホライズンから何か面白い情報が抽出できたら、またぜひ教えてもらいたいです。

## ストレスなしのエササニでは、癒しはいらない

拓巳

お話を伺っていると、エササニは、地球とは比べられないほどテクノロジーが発達しているのがわかりますが、そんな進化したエササニの中で、バシャールたちにとって心の癒しになるようなものはありますか？

バシャール

まず、私たちがすごいテクノロジーを開発したというよりも、先ほどの技術は、他の種族のグループから学んだものです。私たちが発明したものではありません。その上で、私たちにとって癒しになるものは何か、ということで

すね。つまり、どんなヒーリングの方法があるか、ということでしょうか。

**拓巳** はい。僕たちが想像できないほど進化した世界に住むバシャールたちにとって、何かほっこりするような癒しとかヒーリング方法みたいなものがあるのかな、と思って……。

**バシャール** **私たちには、ヒーリングは必要ありません。**なぜって、**具合が悪くなることがないから**です。

**拓巳** は～、そうですか。ということは、ストレスもなし？

**バシャール** はい。ストレスも遠慮しておきます（笑）。

**拓巳** わかりました（笑）。ありがとうございます。

## どうして、いつまでたっても世界は平和にならないの？

拓巳

次に、僕の知り合いのお坊さんからの質問なんですが、「自分は、世界平和をこんなに祈っているのに、なぜそうならないのか」ということをバシャールに聞いてみたいそうです。確かに、いつまでたっても世の中は平和にならないどころか、最近は民族間のヘイト問題なども、より大きくなってきています。世界中で、戦争だけでなくいろいろな争いが増えているこんな状況について、どう思われますか？

バシャール

では、最初におさらいをしておきましょう。「自分が平和な世界にいる」ということは、「自分の周囲の世界を変えるのではなく、自分が平和な世界にシフトをする」ということでしたね。それが最初のポイントです。ですから、**平和に対する祈りで「世界が変わる」わけではなく、「人々が平和な世界にシフトするためのエネルギーを創造する」ほうが効果的**なのです。

拓巳

なるほど。世界を変えようとするのではなく、皆が平和な世界にシフトできるエネルギーを創造する、ということですね。

バシャール

はい。でも、**私たちは望まない状況に陥ることで、望むものが何かわかる**のです。つまり、この世界にネガティブなものがどんどん増えることで、「もう、ネガティブなものはいらない!」となるのです。地球の人は、ネガティブな状態でいることに慣れているので、ついつい我慢します。「少しネガティブだけれど、まあいいか。無視するか」となるのです。すると、ネガティブなエネルギー側が、「おや、自分は無視されてるんだね。じゃ、もっと大きくなれるんだ!」となり、ネガティブが大きくなっていきます。

それでも、じっと耐えていると、ネガティブのエネルギーは「ほう、これくらい大きくなっても、まだ受け入れてもらえるんだ。だったら、もっと大きくなってやるぞ！」と増大してきます。でもついに、あるポイントまで達したら、皆さんは、「もう、たくさん！」となるのです。

拓巳
特に日本人なんて、ぎりぎりまでガマンしそうですね……。

バシャール
これは、輪ゴムの例でも説明できます。輪ゴムを指にひっかけてまっすぐ引っ張り、弓のようにしてパチンと指をゴムから離すと、遠くへ飛んでいきますね。もし、**輪ゴムを限界まで引っ張れば、エネルギーが大きくなり、そこで手を離すと、輪ゴムはより速く、そしてより遠くにまで飛んでいく**のです。

拓巳
つまり、ネガティブをとことん味わいつくすことで、逆に反対の良い世界へ、より速く変わっていける、ということですね。

**バシャール**

はい。このとき覚えておいてほしいのは、**「ポジティブな状態で居続けながら、ネガティブなエネルギーを利用する」ということ**です。ネガティブのエネルギーの勢いを、反対側のポジティブなサイドに移行するために使うのです。

ギリギリまでネガティブに振れたら、
今度はすごいスピードで
ポジティブに変わっていくんだ。
飛んでいく輪ゴムみたいに。

# 自分の選んだ列車は、いつだって乗り換え可能

拓巳

わかりました。あくまで、ネガティブに飲み込まれてはいけない、ということですね。お坊さんには、今の答えをお伝えしようと思います。そうすると今、地球は、ネガティブな部分がより噴出することで、速度を上げて変わろうとしているところなんですよね。

ということは、かつてバシャールは、『未来は、えらべる！』（バシャール／本田健 著）の本の中で、次のようなことを言っていましたね。「同じ駅に向かって並んで走っていた列車が、２０１２年あたりから線路が切り替わりはじめる。そして、２０１５年あたりから、別々の方向へと

線路が分かれていく」というお話です。だとすると、2020年の今はどうなっていますか。たとえば、これまでは分かれていく線路がY字型のゆるやかな分かれ方だったものが、そろそろ真反対の方向を向く形のT字型に分かれはじめた、ということだったりしますか？

バシャール
**2方向へのT字型というよりも、たくさんの線路に分かれていっているの**です。言ってみれば、**1つの現実が、たくさんの現実に分割していっているよ**うな感じです。

拓巳
あぁ〜、そういうこと……。線路はいっぱいあるわけですね。

バシャール
さまざまなバリエーションの地球があり、選択はたくさんあるのです。ですから、**自分が望む線路に行きたいのであれば、方程式に従うだけ**です。

拓巳
ちなみに、自分の選択が間違ったと思えば、選び直すこともできますか？

バシャール

もちろんです！ **選択の自由こそが皆さんが持つ偉大なパワーなのです。**さらには、「自分には、こんな線路を選択できるパワーがあるんだ！」と思っている線路の向こうにも、また知らない線路があったりするのです。

拓巳

ということは、自分の乗り換えた列車の線路も、さらに細かく分かれているということですか？

バシャール

はい、毎瞬毎瞬分かれていっています。**忘れないでください。毎瞬毎瞬が新しい現実です。**皆さんは、常に新しいバージョンの地球に移動しています。ただ、その地球が各々非常に似ているから、同じように見えているだけです。けれども、あなたは毎瞬毎瞬、別の地球にシフトしているのです。この会話をはじめてから今までの間にも、すでに何十億回という回数で、別のバージョンの地球にシフトしているのです。**毎瞬毎瞬、同じ地球に留まるこ**

**とはありません。毎瞬毎瞬、あなたが同じ人であるということもありえません。毎瞬毎瞬、あなたが同じ宇宙にいることもありません。**これが変化する、というパワーなのです。

拓巳

自分では実感できませんが、この対話をはじめてから、もうすでに何十億回も違う地球にシフトをしているんですね。そして、自分なりにちゃんとした方向に進んでいるかどうかを確かめるには、ワクワクに従っていればいい、ということですね。

バシャール

そうです。それを確かめるには、たとえば、ある物事が起きたときに、自分自身がそれに対してどのような反応をしているのか、というのを観察するのも1つの尺度になります。

拓巳

つまり、「ネガティブな反応が出るということは、自分の望んでいる線路を選択できていない」ということですね。

バシャール

はい。「真実の自己に合う形での選択ができていない」ということです。これが1つの指標になるでしょう。基本的に、**方程式に従っているときは、必ず正しい線路を走る列車にいるはず**です。

拓巳

一度選んだ列車は、もう乗り換えは不可能かと思っていたので、乗り換えられると知ってほっとしました（笑）。

乗った電車の線路は、
どんどん枝葉のように分かれていく。
その都度、選択は可能だよ。
それが僕たちの持つ
自由意志のパワーだから。

## 豊かさのいろいろなカタチに気づくこと

拓巳

これまで長きにわたって、バシャールがワクワクする生き方の大切さを教えてくれたことで、多くの日本人が「本当の自分自身の人生」を選択しはじめるようになりました。そこで、サラリーマンを辞めて好きなことで生きていこう、もっと豊かになろうと、フリーランスという働き方にチャレンジする人もいます……。

バシャール

ちょっと待ってください！　まず、自分の情熱に従うためには、フリーランスでなければならない、という必要はありません。それに、自分がやりたいことをすることで、必ずしもお金を得なければならないというわけでもないのです。お金以外に豊かさを表現する方法はあります。**どんな形であれ、自分に豊かさがもたらされるなら、それでいい**のです。皆さんにとって、お金が豊かさのシンボルの1つであることはわかりますが、交換という手段や、シンクロニシティ、そしてイマジネーションだって豊かさの形なのですから。

拓巳

そうでした……。今の話は、豊かさを「お金を稼ぐ」という観点からしか語っていませんでしたね。

バシャール

たとえば、以前なら思いつきもしなかったような方法に気づくことだって、豊かさの1つです。また、「これが必要だ」と信じていたものがなくてもいいことに気づくことも、豊かさです。**豊かさの表現がお金しかないとこだわると、他の形でやってくる豊かさのドアを閉じてしまいます。**

拓巳

僕たちは今こそ、豊かさにはさまざまなカタチがあることに気づくべき

――時なのかもしれませんね。

## 「欲しいもの」と「必要なもの」の違い

バシャール

それに、フリーランスになったとしても、〝豊かさにオープン〟になれないのなら、逆に窮地に陥ってしまいます。私たちの**豊かさの定義は、「あなたがやる必要のあることを、必要なときに実行できる能力」**と定義づけしています。ここで気づいてほしいのは、今、私が「あなたがやりたいと思っていることを、やりたいと思うときに」というふうに、**「want（欲しい）」**という言葉を使用しなかったことです。

私は、「する必要のあることを、必要なときに」として**「need（必要とする）」**という言葉で表現しました。常に皆さんは「欲しい」と考えますが、実際のところ、その全部が必要なのかというとそうではなかったりします。でも、**あなたの人生において、必要なものが常に引き寄せられるとしたら、とても満たされた気持ちになりませんか。**

拓巳

はい。確かに、「欲しいもの」と「必要なもの」は違いますよね。そして、「欲しい」と渇望する前に、必要なものが自然に自分のもとに引き寄せられるのが、一番うれしいかもですね。やっぱり、「欲しい」というのは、不足しているものを満たそうとすることになりますからね。

## 人生の旅路を楽しもう！

拓巳

改めて、今回の対話を通して、僕が一番大きな気づきを得た点は、「夢や目標を叶えるときには、その目的地へ行くまでのプロセスの方が大事である」ということでした。つまり、「旅の途中こそが、旅の目的地」だということです。そして、「自分が世の中を変えていくのではなく、自分の望む並行現実に変わっていく」、ということもよくわかりました。

バシャール

はい。繰り返しますが、**あなた自身が変わることによって、他の人のお手本にもなれる**のです。あなたを見て「自分も変わりたい！」と変わることを選んだ人は、同じように新しい地球に移行していけるのですから。

拓巳

そうですね。僕もそうありたいと思います。とにかく、今回教えていただいたことの数々は、僕の人生の宝物になりました。皆にも早くこのことを伝えたいですね。

バシャール この宝を賢く広めてくださいね。でも、この教えを受け取る人たちも、こうしなければならないとか、こういう結果になるべき、などというこだわりや執着を持つ必要はありません。ただ、これらの情報を受け取ってもらえれば、それでいいのです。

拓巳 はい、それが今回の学びですね。では、最後にバシャールの言葉で「人生の旅路を楽しもう」という言葉を教えてほしいのですが、教えていただけますか？

バシャール ――わかりました……。**カ・シャーラ カ・アニ イリアール。**

拓巳 カ・シャーラ カーニ イリアール。

バシャール いえ。カ・シャーラ カ・アニ イリアール。「カーニ」でなくて、「カ・アニ」ですね。

拓巳　カ・シャーラ カ・アニ イリアール。

バシャール　はい、それで大丈夫です（笑）。

拓巳　ありがとうございます。「人生の旅路を楽しもう」という言葉は、今回の対談を一言で表現する言葉です。そこで、この言葉を読者の皆さんにもマントラのように唱えてもらって、人生の旅路を楽しんでもらえたら、と思ったのです。ではお別れの前に、今、大きな時代の転換期にいる僕たちに、最後のメッセージをいただけますでしょうか？

バシャール　人生を生きていく上で、**今日お伝えした方程式を常に実践してください。この方程式は、一個人だけではなく、グループや国、または地球という惑星全体に対しても適用可能**です。皆さんの国である日本が国単位で何か情熱を持てることを発見し、それにもとづいて実行することもできるのですよ。

拓巳

ワクワクは個人だけじゃなくて、国単位、惑星単位でもできるんですね！　スケールがでかい。でも、地球が丸ごとワクワクしていたら、宇宙の他の惑星の生命体たちからも良い意味で注目されますね！　まずは、僕も一個人のレベルから、早速、方程式を日々意識して活用したいと思います。

バシャール

そのためにも、まずは、**自分を知ってください。そして、本当の自分になってください。必要なのはそれだけ**です。そして、**方程式に従うことにベストを尽くしてください**。皆さんは選択をするパワーを持っていますので、常に賢い選択を心がけてくださいね。

拓巳

わかりました。僕も自分の乗る列車を賢く選び続けていきます！

バシャール

ありがとうございます。それでは、この共同創造の機会に対してお礼を申し上げます。最後に、もう一度、皆さんに私たちの無条件の愛を送りたいと思います。

拓巳 ――ありがとうございます。また、お会いしたいですね！――

バシャール ――私たちが皆さんに将来会えるかどうかは、後にわかると思いますよ。では、ごきげんよう！

拓巳 ――さようなら！――

## エササニの言葉を
## マントラにしてみたよ！

After Session Talk

# ダリル・アンカ VS 山崎拓巳

## 自分が幸せになると、幸せがやってくる

## 限界を感じていた時代に、送られてきたバシャールの本のコピー

**拓巳**　対談の中でもバシャールにお伝えしたのですが、僕は今から30年くらい前に、バシャールに出会って人生が大きく変わった1人なんですね。当時の僕は、ちょうど自分自身に限界を感じていた頃でした。必死で駆け上ってきた僕でしたが、周囲との人間関係で翼をもがれてやる気を失い、頑張ることに限界を感じていた時期だったんです。そんな、すべてにあきらめかけていた頃に、バシャールと出会ったのです。

**ダリル**　過去には、そんな時期があったんですね……。

はい。それも最初は、誰かがバシャールの本のコピーを取って封筒に入れて送ってくれたのです。でも、当時の僕は、正直言って「これ、何?」という感じで、送ってくれた方の宛名を見ることもなく、その封書をゴミ箱に捨ててしまったんです。「心が折れた時には、こんな感じで不思議な世界に誘う人っているんだ……」と、悲しい気持ちになってしまって。封筒の名前を見ると、その人のことを恨んでしまいそうだったくらいです。

でも、そんなある日、仲のいい友達からバシャールの本をすすめられたんです。読んでみたら、もう、びっくり！　そこに書かれていたことが、あまりにも新鮮で。そして、「ああ！　あの分厚い封筒のコピーは、これだったんだ！」と確信しました。でも、その時はもう後の祭り。あれは、誰が送ってくれたのか、今でもわからないのです。

僕にとってバシャールとの出会いは、「ワクワクすることを追いかけると、すべては上手くいく」という法則との出会いでした。当時の僕にとっては、とにかくすべてが衝撃的で。頑張ることに疲れていた僕でしたが、「このやり方ならやってみたい！」と身体の底からチカラが湧いてきたんです。「人生は実験室なんだ。この法則を試してみよう！」と、法則を試すこと自体にワクワクしてきて。そして、そのとおりにやってみたら、すべてのことが面白いほど上手くいきはじめたんです。そして1年半で、当時の僕にとっては、めちゃめちゃ大きな目標が達成できたんです。

そうだったんですね！　そのコピーを送ってくれた人に感謝しなければなりませんね（笑）。

## ワクワクの法則の実験がはじまる！

本当に！　あの時、バシャールに出会ってなければ、今はどうなっていたかわかりません（笑）。でも今となっては、すべてを捨ててしまったので、いったい誰が送ってくれたのか知る術《すべ》もないのですが、今でも感謝しています。でも当時は、自分が上手くいったことがまだ信じられませんでした。僕は単にラッキーだったのかなと思って。そこで、次の新しいワクワクを探してみたんです。それは本を書くことでした。

次のワクワクへの旅がはじまったんですね。それはいいですね。

はい、「ワクワクの法則が上手くいくかどうかの実験」ですね。「次は、本を出版するぞ。僕は作家になるんだ！」と心に決めました。そして、「作家になるには、ホテルで缶詰だ！」と、まだオファーも締め切りもないの

に、突然、ホテルに籠もって原稿を書きはじめたんです（笑）。そして、本を書き終わった日からちょうど2週間後に、出版社の人と偶然出会うと、話がトントンと進んで1冊目の本が出たんです。だから、僕の人生の大きな転機にいつもバシャールはいたんですよ！

ワオ！　それは、素晴らしいですね！

ありがとうございます。たぶん、今回のこの本が、僕にとってちょうど50冊目の本になると思います。

それは、おめでとうございます！　記念すべき1冊になりますね。

## ダリルの人生も
## バシャールで変わった

ちなみに、1冊目はバシャールから学んだロジックをテーマにした本だったのですが、今回の50冊目の本は、バシャールとの対談本になりました。ところで、ダリルは、バシャールのチャネリングがスタートしてどのくらいになるのですか？

かれこれ、もう37年になりますね。

37年！　そんなにも経つんですね。ダリルにとってこの37年間は、どのような時間だったのでしょうか。

バシャールが皆さんの人生を変えたように、私の人生にとっても、バシャールとの出会いは間違いなく大きな変化をもたらしました。バシャールが伝えてくれている方程式を自分なりに探求することで、私自身もよりバランスのとれた状態でいられるようになったし、シンクロニシティもより体験できるようになったのです。今では、常に〝フロー（流れ）に乗って〟人生を生きられるようになりましたね。

ダリル自身もそうなんですね。思うに、僕がバシャールに出会った約30年前の時代と、今の時代では世の中も大きく変わったと思うんです。当時

は、僕も含めて多くの人がバシャールの教えを「何かを積極的に手に入れる」という目的で使っていたように思います。時代も、まだバブル時代の影響が強く残っていた頃で、「もっと上を目指す」「お金という豊かさを得る」という時代でした。でも、今回の対談を通して気づいたのは、今の時代は、皆も「どうすれば幸せに生きていけるか」「どうやったら、皆で幸せに生きていける社会になるか」というために方程式を使う時代になったような気がします。

そうかもしれませんね。とにかく、この方程式は正しく使うことができれば、その人の在るべき状態になれるので、望んでいるものは自動的にやってきます。ですから、逆説的かもしれませんが、そんな状態になれていたら、何もしなくても必要なことは向こうからやってくるんですよ。「ハッピーになるために、何かを得なければならない」のではなく、「ハッピーでいると、自然にそのようなものがもたらされる」ということです。

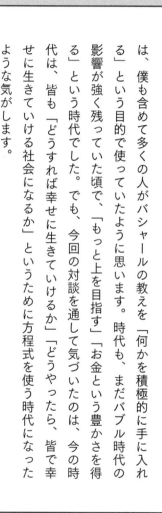

つまり、「こうなりたいから」と意識して方程式を使うこともないくらいになれれば、それが一番ということですね。

はい。結局、自分を幸せにしてくれるのは、他の誰かや、何か他のものではないからです。自分自身が幸せでいるという感覚を映し出すことで、幸せが何かの形として現れるのです。要するに、その人の在る状態が先にあり、その後にモノがやってくるのです。幸せにしてくれるモノがやってくるから、幸せな状態になれる、という形ではないのです。

「幸せになりたい！」と
幸せを求めるのではなくて、
幸せでいるからこそ、
もっと幸せになれるんだね！

必要なものが自然に
自分のもとに引き寄せられていく。

## 今、この瞬間より大事なものなんてない

よくわかります。バシャールも「鏡の法則」として語っていましたね。そして何よりも、「こうなりたい！」という目的地を目指すのではなく、そこへ行くための旅自体が目的地である、ということでしたね。

はい。今、起きていることよりも重要なことなんて何ひとつとしてないんですよ。だから私も、今のこの瞬間が目的地にいる、という状態なのです。今、起きていることが最もあるべき状態にあるのです。

まさに、「今、ここ」なんですね。あと、対談中にふと思ったのは、「ポジティブ」の意味というか定義についてです。方程式の４つ目の「常にポジティブでいる」というルールですが、僕たち日本人にとっては、ポジティブというより、「満たされている」とか「心地よい状態にある」というようなニュアンスの方が、バシャールの伝えようとしている意味に近いんじゃないかなと感じたんですが……。

状態という意味においては、それもあるかもしれませんね。でも、このルールで重要な部分は、物事に対する定義づけの仕方です。たとえ、起きていることがどのような状態であっても、そこにポジティブな理由づけはできるのです。そして、それが何らかの形で自分の役に立つと感じられるのなら、ポジティブに受け止められるので、幸せになれない理由はないのです。ですから、何が起きたとしても、それを障害と捉えずに、ポジティブに解釈することが大事なのです。そうすると、すべてのことが、チャン

スになるのです。

まさに、「ピンチをチャンスに変える」ということですね。それにしても、今回のこの対話は、僕だけではなく、読者の方にとっても、自分の人生をもっと楽しむためのヒントになったのではないかと思います。

そうですね。そこが一番大事ですね！

バシャールの言葉を伝えてくれて、ありがとうございました。お疲れ様でした！

こちらこそ、お疲れ様でした。どうもありがとうございました！

対談中にバシャールが突然、
あの有名なETのポーズを取り、
一同がちょっとざわつく……。

# おわりに

あなたの外に見える世界は、すべてあなたの中にあります。
僕たちは、見える世界の現実の中にいるのではなく、その現実を自分自身で描いているのです。

先日、そんなことをあのジェームス・スキナー氏（ベストセラー作家・経営コンサルタント）が次のように語っていました。

「楽器で音楽を奏でると、その調べは耳に届いて鼓膜を揺らし、電子信号となって脳に届く。でも、楽器から耳までの間には、ただの空気の圧があるだけで、音楽は頭の中にしか存在していない」、という話です。

そう、すべてはあなたの頭の中で描かれるのです。

僕たちは、膨大な情報量の中で暮らしています。

だからこそ、「何を手に入れるのか」ということよりも、「何を手放すのか」ということの方が重要なのです。

あなたは、どんな情報を手放し、どんな情報を取り入れていますか？

一般的に、人は自分にとって優先順位が高い情報を取り込んで、それ以外を捨てています。

たとえば、ある子どもと大人が、馬が放牧されている農場に行ったとしましょう。

すると、子どもの方は、「わ〜！　お馬さんがいっぱい！」と大はしゃぎをします。

一方で、大人はその隣で、「うぁ〜、ウンチだらけだな〜」などと顔を歪めるのです。

そうなのです。子どもと大人にとって、選択する情報が違うのです。

また、ある女性が妊婦になると、彼女が街に繰り出せば、妊婦さんが何人もあたりを歩き出します。

ある男性が欲しいと思っている車があれば、彼が通りを歩けば、欲しい車が街中を走り回っているのです。

好きなブランドがある人にとっては、そのブランドのバッグを持っている人が、やたらと目につくのです。

そして、好きなアーティストの曲は、なぜか、至る所で耳に入ってくるのです（あいみょん、大好き！）。

それは、偶然に見えたのではなく、見ることを選択したのです。

それは、偶然に聞こえたのではなく、聞くことを選択したのです。

僕たちは、1つ1つの体験をわざわざ選択しているのです。

「頑張らないと！」と思うと、頑張らないといけないことが集まってきます。

「イライラする！」と思うと、次のイライラが集まってきます。

怖い話をすると、幽霊が集まってくるのです（！）。

さあ、あなたのアンテナは、何を集めているのでしょうか？

バシャールは、「ビリーフが思考を決定する」と言いました。

知らず知らずの間に刷り込まれた「あなたの間違った思い込み」は、ある意味、「呪い」みたいなもの。

そんな呪いは、もう、解き放っていきましょうよ！

そのためにも、最後にもう一度復習を。

①ワクワクに従う！
②全身全霊でそれに向かう！
③結果に執着しない！
④いつもポジティブに！

でも、本書で何度も出てきたこの方程式も、１つの情報にすぎません。
それに、対話中に何度もバシャールが言っていたように、「それを選ぶのも、選ばないのもあなた次第」なのです。

ではなぜ、あなたはこの本を手に取ったのでしょうか？

（笑）

あなたに、良い旅《ジャーニー》を！

良い人生を！

カ・シャーラ　カ・アニ　イリアール

山崎拓巳

Profile

# 山崎拓巳

(Takumi Yamazaki)

1965年三重県生まれ。広島大学教育学部中退。20歳で起業。現在は多岐にわたる事業を展開中。約50冊、累計150万部のベストセラー作家。近著に『最高のアウトプットができる スゴイ！学び方』(かんき出版)、『まず、バカになろう』(A-Works)『Mental Seed』(クローバー出版)など。他にも、『やる気のスイッチ！』『人生のプロジェクト』『気くばりのツボ』『見えないチカラを味方につけるコツ』(サンクチュアリ出版)、『さりげなく人を動かす スゴイ！話し方』『お金のポケットが増える スゴイ！稼ぎ方』(かんき出版)など多数。日本のみならずアメリカ、香港、台湾、韓国、中国他、海外でも翻訳出版されている。講演活動は、「凄いことはアッサリ起きる・夢・実現プロデューサー」として、メンタルマネジメント、コミュニケーション術、リーダーシップ論など多ジャンルにわたり行う。ベストセラーの『やる気のスイッチ！』を基に「やる気を出す方法についてもっと知りたい！」という方に向けて、やる気のスイッチセミナーを開催し、多くのファシリテーターも生み出す。最近では、新刊のスゴイ！シリーズとして、「スゴイ！話し方」「スゴイ！稼ぎ方」のセミナーや勉強会も行う。アーティストとしての活躍の場も拡がり国内外にて絵画展、Tシャツやバッグなどの展開も。映画出演（「少女椿」)、作詞家活動（ムッシュDとのコラボ)、飲食店経営（タクメン@ NY）等、あらゆる可能性にチャレンジを続けている。

Profile

## ダリル・アンカ
(Darryl Anka)

1980 年以降、「Bashar」をチャネルすることで知られており、これまで、Bashar をチャネリングした様子をまとめた書籍は日本人の精神性に大きな影響を与えてきた。また、自ら経営する映像制作会社、「ジア・フィルム LLC（www.ziafilms.com)」にて作家・ディレクター・プロデューサーを務める。過去 30 年以上にわたって、『スター・トレック II（カーンの逆襲)』『アイアンマン』『パイレーツ・オブ・カリビアン　ワールド・エンド』などをはじめとする SF・アクション映画のセットデザイン、ストーリーボード、ミニチュア効果などの制作に携わる。また、UFO や形而上学的なトピックについてのスピーカーとしても世界的に知られている。これまで、米国と日本にてセミナーを収録した 20 冊以上の書籍を出版。2019 年には初めての小説、『粉々になった鏡のカケラ第 1 篇　クリプティック―謎―』（ヴォイス）を上梓。セミナーの映像など各種コンテンツは「バシャール・コミュニケーション（www.bashar.org)」にて発売中。

## バシャール
(Bashar)

地球の 3000 年後の文明をもつ惑星エササニの宇宙船パイロットでもあり、地球人や他の知的生命体とのファーストコンタクトスペシャリストでもある多次元宇宙存在。バシャールの名の由来は、アラビア語の（良き知らせをもたらす）「メッセンジャー」の意味から。人類に向けたバシャールのメッセージは多岐にわたり、叡智と愛に溢れた人生哲学、宇宙の仕組みと構造、環境問題、意識進化、未来型テクノロジーなど幅広いコンテンツを語り、世界各国に多くのファンを持つ。

**この瞬間より大事なものなんてない**
**今ここが人生の目的地なんだ**
**Bashar × 山﨑拓巳**

---

2020年8月10日　第1版第1刷発行

著　者　ダリル・アンカ（Darryl Anka）
山﨑拓巳

編　集　西元 啓子
通　訳　かい ふきこ
校　閲　野崎 清春
イラスト　山﨑 拓巳
デザイン　小山 悠太

発行者　大森 浩司
発行所　株式会社 ヴォイス　出版事業部
〒106-0031
東京都港区西麻布3-24-17 広瀬ビル
☎ 03-5474-5777（代表）
☎ 03-3408-7473（編集）
📠 03-5411-1939
www.voice-inc.co.jp

印刷・製本　株式会社 光邦

---


ISBN978-4-89976-507-3